Apuntes de Derecho español

DERECHO TRIBUTARIO

APUNTES DE DERECHO ESPAÑOL
Derecho tributario

2016

ISBN (13) (libro en rústica): 978-1-68109-078-8
ISBN (10) (libro en rústica): 1-68109-080-5
ISBN (13) (ePub): 978-1-68109-081-8
ISBN (10) (ePub): 1-68109-081-3

JuraLaw

JURALAW™
TELLERBOOKS™

t TellerBooks

tellerbooks.com/juralaw
contact@tellerbooks.com

© 2009-2016 TellerBooks. Quedan reservados todos los derechos. El contenido de esta publicación no puede ser reproducido, ni en todo ni en parte, ni transmitido, ni registrado por ningún sistema de recuperación de información, en ninguna forma ni por ningún medio, sin el permiso previo, por escrito, de TellerBooks.

ÍNDICE RESUMIDO

ÍNDICE EXTENSIVO

ABREVIATURAS

AIE .... Agrupación de interés económico
AJD .... Actos jurídicos documentados
AP .... Administración Pública
Art. .... Artículo
AT .... Administración tributaria
CA .... Comunidad Autónoma
CC .... Código Civil de 1881
CCC .... Código civil de Cataluña[1]
CCo .... Código de Comercio de 22 de agosto de 1885
CE .... Constitución Española de 1978
CEE .... Comunidad Económica Europea
CG .... Corte General
CGPJ .... Consejo General del Poder Judicial
CNMV .... Comisión Nacional del Mercado de Valores
CP .... Ley Orgánica 10/1995, de 23 de noviembre, del Código Penal
CRom .... Convenio sobre la Ley aplicable a las obligaciones contractuales, hecho en Roma el 19 de junio de 1980
CS .... Ley 40/1991, de 30 de diciembre. Código de sucesiones por causa de muerte en el Derecho Civil de Cataluña (vigente hasta el 1 de enero de 2009)
DIPr .... Derecho internacional privado
EA .... Estatuto de Autonomía
EAC .... Ley Orgánica 6/2006, de 19 de julio, de reforma del Estatuto de Autonomía de Cataluña
EPI .... Estatuto sobre propiedad industrial, aprobado por Real Decreto-Ley de 26 de julio de 1929
ET .... Real Decreto Legislativo 1/1995, de 24 de marzo, por el que se aprueba el Texto Refundido de la Ley del Estatuto de los Trabajadores
ETT .... Empresa de trabajo temporal
FOGASA .... Fondo de Garantía Salarial
IAE .... Impuesto sobre Actividades Económicas
IBI .... Impuesto sobre Bienes Inmuebles
IIC .... Institución de inversión colectiva
ITPAJD .... Impuesto sobre Transmisiones Patrimoniales y Actos Jurídicos Documentados
IRPF .... Impuesto sobre la Renta de las Personas Físicas

---

[1] El CCC está integrado por varias leyes, incluso: la Ley 29/2002, de 30 de diciembre, Primera Ley del Código Civil de Cataluña; la Ley 4/2008, de 24 de abril, del libro tercero del Código civil de Cataluña, relativo a las personas jurídicas; la Ley 10/2008, de 10 de julio, del libro cuarto del Código civil de Cataluña, relativo a las sucesiones; y la Ley 5/2006, de 10 de mayo, del Libro quinto del Código civil de Cataluña, relativo a derechos reales. El libro segundo, relativo a la persona y familia, aún no ha sido promulgado.

IRNR..............................Impuesto sobre la Renta de no Residentes
IP..................................Impuesto sobre el Patrimonio
IS..................................Impuesto sobre Sociedades
ISD...............................Impuesto sobre Sucesiones y Donaciones
ITP ....Impuesto sobre Transmisiones Patrimoniales y Actos Jurídicos
IVA ....Impuesto sobre el Valor Añadido
IVTM...........................Impuesto sobre Vehículos de Tracción Mecánica
LAIE.............................Ley 12/1991, de 29 de abril, de Agrupaciones de Interés Económico
LAP..............................Ley 30/1992 de 26 de noviembre de Régimen Jurídico de las Administraciones Públicas y del Procedimiento Administrativo Común
Lat................................Latín
LAU ....Ley 29/1994, de 24 de noviembre, de Arrendamientos Urbanos
LBRL ....Ley 7/1985, de 2 de abril, Reguladora de las Bases del Régimen Local
LC ....Ley 19/1985, de 16 de julio, cambiaria y del cheque
LCD ....Ley 3/1991, de 10 de enero, de Competencia Desleal
LCon ....Ley 22/2003, de 9 de julio, Concursal
LCoop ....Ley 27/1999, de 16 de julio, de Cooperativas
LCS...............................Ley 50/1980, de 8 de octubre sobre el contrato de seguro
LDC ....Ley 15/2007, de 3 de julio, de Defensa de la Competencia
LEC...............................Ley 1/2000, de 7 de enero, de Enjuiciamiento Civil
LEC 1881 ....Real Decreto 3 febrero 1881 de la Ley de Enjuiciamiento Civil[2]
LECr ....Ley de Enjuiciamiento Criminal
LEF ....Ley de Expropiación Forzosa de 1954
LETT ....Ley 14/1994, de 1 de junio, por la que se regulan las Empresas de Trabajo Temporal
Ley 18/1982..................Ley 18/1982, de 26 de mayo, sobre Régimen Fiscal de Agrupaciones y Uniones Temporales de Empresas y de las Sociedades de Desarrollo Industrial Regional
Ley 4/1999....................Ley 4/1999, de 13 de enero, de modificación de la Ley 30/1992, de 26 de noviembre, de Régimen Jurídico de las Administraciones Públicas y del Procedimiento Administrativo Común
Ley 12/1992..................Ley 12/1992 de 27 de mayo, sobre Contrato de agencia
Ley 13/1989..................Ley 13/1989, de 14 de diciembre, de organización, procedimiento y régimen jurídico de la administración de la Generalidad de Cataluña

---

[2] Con la excepción de algunos títulos y artículos, la LEC 1881 queda derogada por la nueva LEC. La Disposición Derogatoria Única de la LEC establece las secciones de la LEC 1881 que siguen en vigor.

Ley 15/2005 .... Ley 15/2005, de 8 de julio, por la que se modifican el Código Civil y la Ley de Enjuiciamiento Civil en materia de separación y divorcio

Ley 18/2007 .... Ley catalana 18/2007, de 28 de diciembre, del derecho a la vivienda

Ley 27/1992 .... Ley 27/1992 de 24 de noviembre, de Puertos del Estado y de la Marina Mercante

LG .... Ley 50/1997, de 27 de noviembre, del Gobierno

LGP .... Ley 47/2003, de 26 de noviembre, General Presupuestaria

LGPub .... Ley 34/1988, de 11 de noviembre, General de Publicidad

LGSS .... Real Decreto Legislativo 1/1994, de 20 de junio, por el que se aprueba el Texto Refundido de la Ley General de la Seguridad Social

LGT .... Ley 58/2003, de 17 de diciembre, General Tributaria

LH .... Ley Hipotecaria, Texto Refundido según Decreto de 8 de febrero dc 1946

LHM .... Ley de 16 de diciembre de 1954 sobre hipoteca mobiliaria

LIE .... Ley 38/1992, de 28 de diciembre, de Impuestos Especiales

LIIC .... Ley 35/2003, de 4 de noviembre, de Instituciones de Inversión Colectiva

LIRPF .... Ley 35/2006, de 28 de noviembre, del Impuesto sobre la Renta de las Personas Físicas y de modificación parcial de las leyes de los Impuestos sobre Sociedades, sobre la Renta de no Residentes y sobre el Patrimonio

LIS .... Texto Refundido de la Ley del Impuesto sobre Sociedades aprobado por Real Decreto Legislativo 4/2004, de 5 de marzo

LISD .... Ley 29/1987, de 18 de diciembre, del Impuesto sobre Sucesiones y Donaciones

LITPAJD .... Texto Refundido de la Ley del Impuesto sobre Transmisiones Patrimoniales y Actos Jurídicos Documentados

LIVA .... Ley 37/1992, de 28 de diciembre, del Impuesto sobre el Valor Añadido

LJCA .... Ley 29/1998, de 13 de julio, reguladora de la Jurisdicción Contencioso-Administrativa

LM .... Ley 17/2001, de 7 de diciembre, de Marcas

LMCE .... Ley 43/2006, del 29 de diciembre, para la mejora del crecimiento y del empleo

LMURMT .... Ley 12/2001, del 9 de julio, de Medidas Urgentes de Reforma del Mercado de Trabajo y para el incremento del empleo y la mejora de su calidad

LNA .... Ley 48/1960, de 21 de julio, sobre la Navegación Aérea.

LO .... Ley orgánica

LO 2/1986 .... Ley Orgánica 2/1986, de 13 de marzo, de Fuerzas y Cuerpos de Seguridad

LO 2/1997.....................Ley Orgánica 2/1997, de 19 de junio, reguladora de la cláusula de conciencia de los profesionales de la información

LO 6/1984.....................Ley Orgánica 6/1984, de 24 de Mayo, Reguladora del Procedimiento Habeas Corpus

LODP..........................Ley Orgánica 3/1981, de 6 de abril, del Defensor del Pueblo

LODR ....Ley Orgánica 9/1983, de 15 de julio, reguladora del Derecho de Reunión

LOFAGE ....Ley 6/1997, de 14 de abril, de Organización y Funcionamiento de la Administración General del Estado

LOFCA ....Ley Orgánica 8/1980, de 22 de septiembre, de Financiación de las Comunidades Autónomas

LOGC ....Ley Orgánica 11/2007, del 22 de octubre, reguladora de los derechos y deberes de los miembros de la Guardia Civil

LOLS ....Ley Orgánica 11/1985, de 2 de agosto, de Libertad Sindical

LOPJ ....Ley Orgánica 6/1985, de 1 de julio, del Poder Judicial

LOTC..........................Ley Orgánica 2/1979, de 3 de octubre, del Tribunal Constitucional

LOTCu........................Ley Orgánica 2/1982, de 12 de mayo, del Tribunal de Cuentas

LP...............................Ley 11/1986, de 20 de marzo, de Patentes de Invención y Modelos de utilidad

LPGE ....Ley de Presupuestos Generales del Estado

LPJDI..........................Ley 20/2003, de 7 de julio, de Protección Jurídica del Diseño Industrial

LPL ....Real Decreto Legislativo 2/1995, de 7 de abril, por el que se aprueba el Texto Refundido de la Ley de Procedimiento Laboral

LRHL...........................Real Decreto Legislativo 2/2004, de 5 de marzo, por el que se aprueba el Texto Refundido de la Ley Reguladora de las Haciendas Locales

LRJAP ....Ley 30/1992, de 26 de noviembre, de Régimen Jurídico de las Administraciones Públicas y del Procedimiento Administrativo Común, modificada por la Ley 4/1999, de 13 de enero

LSA.............................Real Decreto Legislativo 1564/1989, de 22 de diciembre, por el que se aprueba el texto refundido de la Ley de Sociedades Anónimas

LSFCA.........................Ley 21/2001, de 27 de diciembre, por la que se regulan las medidas fiscales y administrativas del nuevo sistema de financiación de las Comunidades Autónomas de régimen común y Ciudades con Estatuto de Autonomía

LSRL ....Ley 2/1995, de 23 de marzo, de Sociedades de Responsabilidad Limitada

LTPP...........................Ley 8/1989, de 13 de abril, de Tasas y Precios Públicos

MF ....Ministerio Fiscal

OCDE ....Organización para la cooperación y el desarrollo Económico
OMPI ....Organización Mundial de Propiedad Intelectual
PI.................................Propiedad intelectual
RC ....Reglamento del Congreso de los Diputados
RD................................Real Decreto
RD 1/2004 ....Real Decreto Legislativo 1/2004, de 5 de marzo, por el que se aprueba el texto refundido de la Ley del Catastro Inmobiliario
RD 1331/2006 ....Real Decreto 1331/2006, de 17 de noviembre, por el que se regula la relación laboral de carácter especial de los abogados que prestan servicios en despachos de abogados, individuales o colectivos.
RD 2064/1995 ....Real Decreto 2064/1995, de 22 de diciembre, por el que se aprueba el Reglamento General sobre Cotización y Liquidación de otros Derechos de la Seguridad Social
RD 2720/1998 ....Real Decreto 2720/1998, de 18 diciembre, por el que se desarrolla el artículo 15 del Estatuto de los Trabajadores en materia de contratos de duración determinada
RD 429/1993 ....Real Decreto 429/1993, de 26 de marzo, por el que se aprueba el Reglamento de los Procedimientos de las Administraciones Públicas en materia de Responsabilidad Patrimonial
RDL 17/1977................Real Decreto-Ley 17/1977, del 4 de marzo, sobre Relaciones de Trabajo
Regl. 1206/2001 ....Reglamento (CE) 1206/2001 sobre la cooperación entre los órganos jurisdiccionales de los Estado miembros en el ámbito de la obtención de pruebas en materia civil o mercantil
Regl. 1348/2000 ....Reglamento (CE) 1348/2000 sobre la notificación y traslado en los Estado miembros de documentos judiciales y extrajudiciales en materia civil o mercantil
Regl. 40/1994 ....Reglamento (CE) 40/1994 del Consejo de 20 de diciembre de 1993, sobre la Marca Comunitaria
Regl. 44/2001 ....Reglamento (CE) 44/2001 del Consejo, 22 de diciembre del 2000, relativo a la competencia judicial, el reconocimiento y la ejecución de resoluciones judiciales en materia civil y mercantil
Regl. Bruselas..............Reglamento (CE) 2201/2003, de 27 de noviembre, relativo a la competencia, reconocimiento y ejecución de resoluciones judiciales en materia matrimonial y de responsabilidad parental
RGAPGIT....................Real Decreto 1065/2007, de 27 de julio, por el que se aprueba el Reglamento General de Actuaciones y Procedimientos de Gestión e Inspección de los Tributos
RGGIT ....Reglamento General de Gestión e Inspección Tributaria

RGI	Real Decreto 939/1986, de 25 de abril, por el que se aprueba el Reglamento General de la Inspección de los Tributos (vigente hasta el 1 de enero de 2008[3])
RGR	Real Decreto 939/2005, de 29 de julio, por el que se aprueba el Reglamento General de Recaudación
RGRST	Real Decreto 2063/2004, de 15 de octubre, por el que se aprueba el Reglamento general del régimen sancionador tributario
RH	Reglamento Hipotecario de 1947
RRM	Real Decreto 1784/1996, de 19 de julio, por el que se aprueba el Reglamento del Registro Mercantil
RS	Reglamento del Senado, texto refundido aprobado por la Mesa del Senado, oída la Junta de Portavoces, en su Reunión del día 3 de mayo de 1994
SA	Sociedad anónima
SMI	Salario mínimo interprofesional
SNE	Sociedad nueva empresa
SRL	Sociedad de responsabilidad limitada
SS	Seguridad Social
ss.	Siguientes
STC	Sentencia del Tribunal Constitucional
TC	Tribunal Constitucional
TEDH	Tribunal Europeo de Derechos Humanos
TJCE	Tribunal de Justicia de las Comunidades Europeas
TRLPI	Real Decreto Legislativo 1/1996, de 12 de abril, por el que se aprueba el Texto Refundido de la Ley de Propiedad Intelectual, regularizando, aclarando y armonizando las disposiciones legales vigentes sobre la materia
TRLRNR	Real Decreto Legislativo 5/2004, de 5 de marzo, por el que se aprueba el texto refundido de la Ley del Impuesto sobre la Renta de no Residentes.
TRSS	Real Decreto Legislativo 1/1994, de 20 de junio, por el que se aprueba el Texto Refundido de la Ley General de la Seguridad Social
TS	Tribunal Supremo
TSJ	Tribunal Supremo de Justicia (de una Comunidad Autónoma)
UE	Unión Europea
UTE	Unión temporal de empresas
V. gr.	*verbi gratia* (*exempli gratia*)

El siguiente cuadro convierte en euros valores en pesetas que aparecen frecuentemente en las leyes y otras normas[4]:

---

[3] La norma actualmente vigente es la RGGIT. Sin embargo, la RGI aparece en algunas partes del resumen para efectos meramente orientativos.
[4] Los valores son aproximados y basados en la siguiente tasa:

ABREVIATURAS

1.000 pesetas .... 6 €
30.000 pesetas .... 180 € (aprox.)
100.000 pesetas ..... 600 € (aprox.)
167.000 pesetas .... 1.000 € (aprox.)
500,000 pesetas ..... 3.000 € (aprox.)

---

1 peseta.........................0,006 €
167 pesetas ....1 €

PRIMERO.
INTRODUCCIÓN GENERAL

CAPÍTULO 1. EL CONCEPTO DE DERECHO FINANCIERO Y TRIBUTARIO

I. EL DERECHO FINANCIERO

El derecho financiero es la rama del derecho público que regula la actividad financiera y los recursos económicos del Estado y de los otros entes públicos para llevar a cabo sus proyectos. Es el conjunto de normas reguladoras de los ingresos y gastos de los organismos públicos. Trata, por ejemplo, la recaudación, la gestión y la distribución de los tributos de dichos organismos.

Los posibles ingresos de los entes públicos son: (i) los tributos (que consisten en tasas, contribuciones especiales e impuestos); (ii) la deuda pública; (iii) los ingresos patrimoniales (las herencias, donaciones y el patrimonio propio de los poderes públicos, que pueden, a su vez, generar renta (*p. ej.*, la explotación de los bosques del Estado)); (iv) las transferencias de un ente público a otro; y (v) las multas. Los gastos, por su parte, se integran por los presupuestos europeos, estatales, autonómicos, locales e institucionales.

II. EL CONCEPTO DE TRIBUTO Y DE DERECHO TRIBUTARIO

El derecho tributario, en contaste con el derecho financiero, se limita a regular los impuestos, tasas y demás tributos y los procedimientos administrativos de su aplicación, gestión y control. Es una rama del derecho financiero que tiene tres dimensiones. En primer lugar, trata los *principios* que rigen el ordenamiento jurídico. En segundo lugar, está relacionado con las *normas* que regulan las relaciones tributarias. En tercer lugar, trata los procedimientos de la AP para la *aplicación* de las normas tributarias. Los principios de *eficiencia* y *economía* en la aplicación del derecho tributario se establecen en el art. 31.2 CE.

El art. 2.1 de la Ley 58/2003, de 17 de diciembre, General Tributaria (LGT) establece el tributo como una institución de naturaleza *coactiva* y *contributiva*, definiéndolo como *ingreso público* que consiste en prestaciones pecuniarias exigidas por una Administración Pública (AP) como consecuencia de la realización del supuesto de hecho al que la Ley vincula el deber de contribuir (art. 2.1 LGT).

La LGT trata los principios materiales de Justicia tributaria. Establece que la ordenación del sistema tributario se basa en la «*capacidad económica* de las personas obligadas a satisfacer los tributos y en los principios de *justicia, generalidad, igualdad, progresividad, equitativa distribución* de la carga tributaria y no *confiscatoriedad*» (art. 3.1 LGT). También establece como fin de los tributos la obtención de los ingresos necesarios para los gastos públicos (art. 2.1 LGT). Además, instituye los principios de proporcionalidad, eficacia y limitación de costes indirectos derivados del cumplimiento de obligaciones formales y el respeto de los derechos y garantías de los obligados tributarios en la aplicación del sistema tributario (art. 3.2 LGT).

III. LOS PRINCIPIOS CONSTITUCIONALES TRIBUTARIOS

A. Principios materiales de justicia tributaria

El art. 31.1 CE establece los principios materiales de justicia tributaria: «Todos contribuirán al sostenimiento de los gastos públicos de acuerdo con su *capacidad económica* mediante un sistema tributario *justo* inspirado en los principios de *igualdad* y *progresividad* que, en ningún caso, tendrá alcance confiscatorio». Dichos principios por tanto son:

- *La generalidad.* Este principio se manifiesta en la palabra «todos» del art. 31.1 CE. Proscribiendo los privilegios, exige la aplicación de los impuestos a todos. Exige que toda exención tributaria sea fundamentada en la CE.
- *La capacidad económica.* El obligado tributario está obligado a pagar los impuestos según su capacidad económica, que sea real o potencial.
- *La igualdad.* La CE propugna el principio de igualdad como valor superior de su ordenamiento jurídico (art. 1.1 CE) e impone a los poderes públicos la obligación de promover las condiciones para que la igualdad formal del art. 14 CE sea efectiva (art. 9 CE). Por tanto, es necesario que los tributos se impongan con proporcionalidad respecto a las desigualdades reales entre los obligados.
- *La progresividad.* Como una manifestación del principio de igualdad, este principio exige que los contribuyentes que más tengan contribuyan, en proporción de su riqueza, más que los contribuyentes que menos tengan.
- *La no confiscatoriedad.* Por fin, el principio de la no confiscatoriedad es una garantía frente a posibles abusos en la progresividad de los tributos.

B. Principio de legalidad tributaria

Además, la CE garantiza el principio de legalidad (art. 9.3 CE). Dentro del marco de los tributos, dicho principio exige una ley formal para el establecimiento de un tributo (art. 31.3 CE). Así, se fortalece la seguridad y la estabilidad jurídica, ya que los impuestos deben seguir los procedimientos constitucionales para su aprobación.

El principio de legalidad se manifiesta en todo lo relativo al sistema financiero del Estado: mediante ley, se reserva al sector público recursos o servicios esenciales (art. 128.2 CE) y se regulan el gasto público (art. 133.4, 134 CE), el patrimonio del Estado y el patrimonio nacional y su administración, defensa y conservación (art. 132.3 CE). Asimismo, el Estado mediante ley puede planificar la actividad económica para atender a las necesidades colectivas, equilibrar y armonizar el desarrollo regional y sectorial (art. 131.1 CE).

Del mismo modo, el sistema tributario y la potestad del Estado para establecer los tributos se rige por ley (art. 133.1 CE, art. 4.1 LGT). Por ejemplo, se regulan por ley todo beneficio fiscal que afecte a los tributos del Estado (art. 133.3 CE), los elementos directamente determinantes de la cuantía de la deuda tributaria, el establecimiento de presunciones y los supuestos que dan lugar al nacimiento de las obligaciones tributarias (art. 8 LGT).

C. Seguridad jurídica

Del mismo modo, la CE garantiza la seguridad jurídica (art. 9.3 CE), que contribuye a la certeza, estabilidad y previsibilidad en el sistema español de tributos. Se establece mediante la siguiente jerarquía de normas: (i) la Constitución española de 1978; (ii) los tratados o convenios internacionales que contengan cláusulas de naturaleza tributaria; (iii) las normas que dicte la UE y otros organismos internacionales o supranacionales a los que se atribuya el ejercicio de competencias en materia tributaria; (iv) la LGT, las Leyes reguladoras de cada tributo y las demás leyes que contengan disposiciones en materia tributaria; (v) las disposiciones reglamentarias dictadas en desarrollo de las normas anteriores y, específicamente en el ámbito tributario local, las correspondientes ordenanzas fiscales (art. 7.1 LGT).

También contribuye a la seguridad jurídica el principio de irretroactividad, que exige que las normas tributarias no tengan efecto retroactivo y se apliquen a los tributos sin período impositivo devengados a partir de su entrada en vigor (art. 10.2 LGT), así como el requisito de que toda ley o reglamento que contenga normas tributarias lo mencione expresamente en su título y en la rúbrica de los artículos correspondientes (art. 9.1 LGT).

D. Tutela judicial efectiva

La CE garantiza además la tutela judicial efectiva, prohibiendo la posibilidad de indefensión (art. 24.1 CE). El derecho a la tutela judicial garantiza el acceso a un Juez ordinario predeterminado por la ley, a la defensa y a la asistencia al letrado, a ser informado de la acusación, a un proceso público sin dilaciones indebidas, a utilizar los medios de prueba, a no declarar contra sí mismo, a no confesarse culpable y a la presunción de inocencia (art. 24.2 CE). La tutela judicial de los contribuyentes se ampara dentro de una serie de derechos que enumera el art. 34.1 LGT. Entre ellos cabe destacar:

-    El derecho a ser informado y asistido por la Administración tributaria (AT) sobre el ejercicio de sus derechos y el cumplimiento de sus obligaciones tributarias;
-    El derecho a obtener las devoluciones derivadas de la normativa de cada tributo y las devoluciones de ingresos indebidos que procedan;
-    El derecho a ser reembolsado del coste de los avales y otras garantías aportados para suspender la ejecución de un acto o para aplazar o fraccionar el pago de una deuda;
-    El derecho a conocer el estado de tramitación de los procedimientos en los que sea parte; y
-    El derecho a ser tratado con el debido respeto y consideración por el personal al servicio de la AT (art. 34.1 LGT).

CAPÍTULO 2. LAS FUENTES FORMALES DEL DERECHO TRIBUTARIO

Por «fuentes formales» del derecho tributario, hemos de entender las formas que pueden tomar las normas vigentes. Hay tres tipos: (i) los principios generales de derecho, que engloban todo el ordenamiento jurídico; (ii) las fuentes indirectas (la doctrina judicial, administrativa y científica); y (iii) las fuentes directas, que proceden de los poderes legislativo, ejecutivo y judicial, dentro del marco establecido por la CE y son:

- Las leyes orgánicas, ordinarias y autonómicas, los tratados internacionales, los reales decretos-leyes y los reales decretos legislativos (*poder legislativo*);
- Los reales decretos, órdenes, resoluciones y costumbres del Ejecutivo (*poder ejecutivo*); y
- La jurisprudencia elaborada por el TS, TC, TJCE y TEDH (*poder judicial*).

I. PRINCIPIOS GENERALES DEL DERECHO COMO FUENTE FORMAL DEL DERECHO

Los *principios generales del derecho* son fuentes que engloban todas las fuentes formales del derecho—tanto las directas como las indirectas. Dichos principios se aplicarán en defecto de ley o costumbre, sin perjuicio de su carácter informador para la aplicación del ordenamiento jurídico (art. 1.4 CC).

II. LAS FUENTES INTERNACIONALES Y COMUNITARIAS

La Unión Europea puede elaborar leyes tributarias, que concretamente son: (i) los reglamentos, que equivalen a las leyes en el ordenamiento español interno (ej.: el Código Aduanero Comunitario, que tiene efecto directo); (ii) las directivas, que equivalen a los reglamentos en el ordenamiento español interno (ej.: la Sexta Directiva sobre el régimen común del IVA, que fue recibido por una ley española para incorporarla en el ordenamiento interno); y (iii) la jurisprudencia. Dichas normas comunitarias trascienden las normas del ordenamiento español pero a la vez, forman parte del ordenamiento interno (96.1 CE).

Dentro de las fuentes formales de naturaleza internacional, podemos además destacar los tratados internacionales y los convenios internacionales contra la doble imposición y la evasión de impuestos. Los tratados internacionales constitutivos de obligaciones financieras rigen en los términos previstos en el art. 96 CE (art. 7.1.b LGT), que establece que las disposiciones de los tratados internacionales válidamente celebrados sólo podrán ser derogadas, modificadas o suspendidas en la forma prevista en los propios tratados o de acuerdo con las normas generales del derecho internacional (art 96.1 CE).

III.   LAS NORMAS CON RANGO DE LEY

A. Leyes financieras y codificación tributaria

Las leyes financieras y codificación tributaria comprenden: (i) la Ley Orgánica del Tribunal de Cuentas (LOTCu); (ii) la Ley Orgánica de Financiación de las Comunidades Autónomas (LOFCA); (iii) la Ley General Presupuestaria (LGP); (iv) las leyes de presupuestos y acompañamiento; (v) la LGT; (v) la Ley de Tasas y Precios Públicos (LTPP); y (vi) la legislación financiera y tributaria de las CCAA, así como las leyes que establecen y rigen cada impuesto en particular (ej.: la LIVA).

B. Delegación legislativa

1. Decretos-leyes

Como ya hemos visto, sólo podrán establecerse prestaciones personales o patrimoniales de carácter público con arreglo a la ley (art. 31.3 CE). Una modalidad de leyes que puede intervenir en el régimen tributario es el decreto-ley. Es una disposición legislativa provisional que el Gobierno podrá dictar en caso de urgente necesidad. Puede establecer normas en el régimen tributario, pero no puede afectar al ordenamiento de las instituciones básicas del Estado, al régimen de las CCAA, al derecho electoral general ni a las libertades, derechos y deberes fundamentales de los ciudadanos (art. 86.1 CE). La convalidación o derogación del decreto-ley debe ser inmediatamente sometido «a debate y votación de totalidad al Congreso de los Diputados, convocado al efecto si no estuviere reunido, en el plazo de los *treinta días* siguientes a su promulgación» (art. 86.2 CE).

2. Decretos legislativos

Dado que el Gobierno tiene más apoyo técnico que el Legislador, éste puede delegar a aquel el poder legislativo para hacer una norma con rango de ley (art. 82.1 CE), denominada «decreto legislativo» (art. 85 CE), con las siguientes límites: la delegación legislativa habrá de otorgarse al Gobierno (i) de forma expresa; (ii) para materia concreta; y (iii) con fijación del plazo para su ejercicio (art. 82.3 CE). Además, no podrán ser objeto del decreto legislativo las materias en el ámbito de la ley orgánica (art. 82.1 CE).

El decreto legislativo tiene dos modalidades:

-   El *texto articulado*, que habilita al Gobierno dictar una ley según criterios establecidos por el Parlamento; y
-   El *texto refundido*, que habilita al Gobierno refundir varios textos legales en un solo (art. 82.2 CE).

IV.   LAS DISPOSICIONES DE CARÁCTER GENERAL: LOS REGLAMENTOS Y LA COSTUMBRE

A tenor del art. 97 CE, el Gobierno ejerce «la potestad reglamentaria de acuerdo con la Constitución y las leyes». Las disposiciones reglamentarias dictadas en desarrollo de las normas anteriores son una de las fuentes formales directas que rigen el sistema tributario español (art. 7.1.e LGT).

En el ámbito de las competencias del Estado, la facultad de dictar disposiciones interpretativas o aclaratorias de las leyes y demás normas en materia tributaria corresponde de forma exclusiva al Ministro de Hacienda (art. 12.3 LGT). Los actos de aplicación de los tributos y de imposición de sanciones son impugnables en *vía administrativa y jurisdiccional* en los términos establecidos en las leyes (art. 6 LGT).

La potestad reglamentaria de las CCAA corresponde a la elaboración de «decretos» y la de los Ayuntamientos a dictar «ordenanzas fiscales», que tienen rango reglamentario.

También son fuentes formales del derecho tributario la costumbre y el precedente administrativo establecido por el *poder ejecutivo*.

V. LAS FUENTES INDIRECTAS: LA DOCTRINA JUDICIAL, ADMINISTRATIVA Y CIENTÍFICA

Las fuentes indirectas del derecho financiero son la doctrina judicial, administrativa y científica. Son fuentes de *conocimiento* e *integración* de las fuentes directas que contribuyen a la interpretación de normas abstractas en la aplicación práctica.

La doctrina judicial procede del TJCE, TC, TS, y de los TSJ. De acuerdo con el art. 242.1 LGT, las resoluciones dictadas por los tribunales económico-administrativos regionales y locales que no sean susceptibles de recurso de alzada ordinario podrán ser impugnadas por los Directores Generales del Ministerio de Hacienda o por los Directores de Departamento de la Agencia Estatal de AT, así como por los órganos equivalentes o asimilados de las CCAA.

Podrá el Director General de Tributos interponerse recurso extraordinario para la unificación de doctrina contra las resoluciones en materia tributaria dictadas por el Tribunal Económico-Administrativo Central, cuando esté en desacuerdo con su contenido (art. 243.1 LGT). La resolución respetará la situación jurídica particular derivada de la resolución recurrida, estableciendo la doctrina aplicable (art. 243.4 LGT). La doctrina establecida en las resoluciones de estos recursos será vinculante para los tribunales económico-administrativos y para el resto de la AT (art. 243.5 LGT).

La doctrina, o la «doctrina científica», es un reflejo de los tratados y estudios del derecho administrativo compuesto de las firmas de los estudiosos de la materia en sus manuales y tratados. También se manifiesta a través de convenciones, conferencias o reuniones de carácter académico (ej.: las conferencias anuales de profesores del derecho administrativo).

CAPÍTULO 3. LAS FUENTE MATERIALES DEL DERECHO TRIBUTARIO

I. INTRODUCCIÓN

Las fuentes materiales son los entes o personas físicas o jurídicas que pueden crear normas, que concretamente son: la Unión Europea, el Estado, las CCAA, las Administraciones locales y las Administraciones no territoriales (corporaciones públicos y AAPP institucionales).

II. EL ESTADO

A. Marco general

La potestad originaria para establecer los tributos corresponde exclusivamente al Estado, mediante ley. Las CCAA y las Administraciones locales podrán establecer y exigir tributos, de acuerdo con la CE y las leyes (art. 133.1 a 133.2 CE). Según las leyes, en los casos de colisión, el poder tributario del Estado tiene precedencia sobre el poder tributario de las CCAA.

La CE se fundamenta en los principios de unidad, indivisibilidad, autonomía, solidaridad y coordinación (art. 2, 137, 138, 156.1 CE). El Estado debe ejercer su poder tributario respetando estos principios y los principios establecidos en el art. 31 CE que ya hemos visto (*véase* «Los principios materiales de Justicia tributaria», *supra.*): la capacidad económica, la generalidad, la igualdad, la progresividad y la no confiscatoriedad.

El Estado tiene competencia exclusiva sobre las siguientes materias: (i) la regulación de las condiciones básicas que garanticen la igualdad de los españoles en el ejercicio de los derechos y en el cumplimiento de los deberes (art. 149.1.1 CE); (ii) el régimen aduanero y arancelario (art. 149.1.10 CE); y (iii) las bases y coordinación de la planificación de la actividad económica (art. 149.1.13). Además, el Estado tiene competencia exclusiva sobre la Hacienda general y la deuda del Estado (art. 149.1.14 CE). Corresponde al Gobierno la elaboración de los presupuestos generales del Estado (art. 134.1 CE).

B. Coordinación y colaboración con las Comunidades Autónomas

La actividad financiera de las CCAA se ejercerá en coordinación y armonización con la Hacienda del Estado (art. 21 LOFCA). El Estado y las CCAA podrán suscribir acuerdos de colaboración para la aplicación de los tributos (art. 5.4 LGT). Las materias no atribuidas expresamente al Estado podrán corresponder a las CCAA, si sus EEAA las asumen. La competencia sobre las materias que no se hayan asumido por los EEAA corresponderá al Estado. En caso de conflicto, las normas del Estado *prevalecerán* sobre las de las CCAA en todo lo que no esté atribuido a la exclusiva competencia de éstas. El derecho estatal será, en todo caso, *supletorio* del derecho de las CCAA (art. 149.3 CE).

III.   LAS COMUNIDADES AUTÓNOMAS DE RÉGIMEN GENERAL

A. Marco general

Como hemos visto, las CCAA pueden establecer y exigir tributos de acuerdo con la CE y las leyes (art. 133.2 CE). Las leyes que rigen los sistemas tributarios de las CCAA son la LGT, la LOFCA y sus propios Estatutos.

Las CCAA gozan de *autonomía financiera* para el desarrollo y ejecución de sus competencias en coordinación con la Hacienda estatal y pueden actuar como delegados o colaboradores del Estado (art. 156 CE). Tienen capacidad para establecer tributos propios, pero no podrán en ningún caso adoptar medidas tributarias sobre bienes situados fuera de su territorio o que supongan una injerencia a la libre circulación de mercancías o servicios (art. 157.2 CE, art. 9.a LOFCA).

Mediante ley orgánica, el ejercicio de las competencias financieras de las CCAA puede regularse (art. 157.3 CE). Asimismo, la LOFCA recoge las limitaciones constitucionales en la creación de tributos (la de respetar los criterios de coordinación con la Hacienda estatal, de solidaridad entre los españoles y las limitaciones derivadas de los principios de territorialidad y de unidad del mercado interno). Además, los tributos que establezcan las CCAA no podrán recaer sobre hechos imponibles gravados por el Estado (art. 6.2 LOFCA).

B. Poder tributario cedido

Además del poder tributario que tienen las CCAA para regular sus propios tributos, tienen las CCAA un poder tributario para regular los tributos cedidos (creados por el Estado y luego cedidos a las CCAA). Las CCAA pueden tener *competencias normativas* y *aplicativas* (gestión, liquidación, recaudación, sanción) y pueden guardarse con una parte del *rendimiento*. Por ejemplo, en el IRPF, está cedido el 33% del rendimiento, algunas competencias aplicativas y un margen de competencias normativas (no se puede, por ejemplo, modificar el hecho imponible).

C. Régimen especial de las Islas Canarias, Ceuta y Melilla

Un régimen especial se aplica en las Islas Canarias, Ceuta y Melilla. En estas ciudades autónomas (Ceuta y Melilla) y CA (Islas Canarias) de régimen especial, el pleno municipal es un Parlamento. Existen varias especialidades, como la no imposición del IVA sobre el consumo en las Islas Canarias, Ceuta y Melilla.

IV.   LAS COMUNIDADES AUTÓNOMAS DE RÉGIMEN FORAL

A. Visión general

A tenor de la CE en su Disposición Adicional Primera, «La Constitución ampara y respeta los derechos históricos de los territorios forales. La actualización general de dicho régimen foral se llevará a cabo, en su caso, en el marco de la Constitución y de los Estatutos de Autonomía».

Los regímenes forales del País Vasco y Navarra ejercen todas las competencias tributarias—las normativas y las aplicativas—y se quedan con todo el rendimiento de los impuestos. Las normas estatales se aplican con matices. Por ejemplo, el IRPF se aplica en el País Vasco, pero las leyes vascas pueden definir el hecho imponible.

Es también preciso destacar que, aunque como regla general, las normas de las Diputaciones Provinciales en las CCAA de régimen general solo tienen rango reglamentario, en el País Vasco, las normas tienen fuerza de ley (sería también el caso de Navarra, pero Navarra es una única provincia y por tanto, el Parlamento de la provincia es igual al Parlamento autonómico).

B. Cuestiones de procedimiento

El Estatuto de Autonomía del País Vasco dispone que el orden tributario entre éste y el Estado se regule mediante el sistema foral del *Concierto Económico*, que se aprueba mediante Ley de las Cortes Generales (CCGG).

El Estatuto de Autonomía Navarro, así como su desarrollo mediante la Ley 28/1990 de 26-XII, por la que se aprueba el *Convenio Económico*, rige la Hacienda Foral Navarra. El Convenio es aprobado por el Parlamento de la Comunidad Autónoma y sometido a la aprobación de la CCGG. El Convenio Económico otorga a las instituciones de la CA competencias tributarias. Por ejemplo, el Parlamento, mediante leyes forales, ejerce su competencia legislativa tributaria. Son normas forales que tienen fuerza de ley.

Una vez que recaudan todo, el País Vasco y Navarra pagan una cantidad (el «cupo vasco» o la «aportación navarra») al Estado en compensación de los servicios que ha prestado (la defensa, los servicios penitenciarias, etc.).

V. LAS ADMINISTRACIONES LOCALES

Las Corporaciones o entidades locales, como las CCAA, podrán establecer y exigir tributos, de acuerdo con la CE y las leyes (art. 133.2 CE). La norma que rige los sistemas tributarios de las Corporaciones locales es el Real Decreto Legislativo 2/2004, de 5 de marzo, por el que se aprueba el texto refundido de la Ley Reguladora de las Haciendas Locales (LRHL).

Las entidades locales ejercerán las competencias relativas a la aplicación de los tributos y a la potestad sancionadora con el alcance y en los términos previstos en la normativa que resulte aplicable según su sistema de fuentes. El Estado y las CCAA podrán suscribir acuerdos de colaboración para la aplicación de los tributos. Podrán establecerse fórmulas de colaboración para la aplicación de los tributos entre las entidades locales, así como entre éstas y el Estado o las CCAA (art. 5.3 a 5.5 LGT).

La CE garantiza la autonomía de los municipios (art. 140 CE), los principios de diversidad y subsidiariedad (art. 141 CE) y que las Haciendas locales dispongan de los medios suficientes para el desempeño de las funciones que la ley atribuye a las Corporaciones respectivas, que se nutren de *tributos propios* y de participación en los *tributos del Estado* y *de las CCAA* (art. 142 CE).

Existen también limitaciones en los sistemas tributarios locales. Dichas limitaciones, elaboradas en el art. 6 LRHL, coinciden con las que se aplican a las CCAA (art. 9 LOFCA), y son: la prohibición de: (a) gravar bienes situados, actividades desarrolladas, rendimientos originados ni gastos realizados fuera del territorio de la respectiva entidad; (b) gravar negocios, actos o hechos celebrados o realizados fuera del territorio de la entidad impositora; o (c) implicar obstáculos para la libre circulación de personas, mercancías o servicios y capitales.

VI.   LAS CORPORACIONES PÚBLICAS Y ADMINISTRACIONES PÚBLICAS INSTITUCIONALES

Son también fuentes materiales del derecho tributario las AAPP no territoriales, que pueden ser corporaciones públicas (*p. ej.*: las cámaras de comercio, los colegios profesionales) o AAPP institucionales. Dentro de esta segunda categoría, cabe destacar los organismos autónomos y las entidades públicas mercantiles. Tienen competencias financieras y por tanto, pueden ejercer un control financiero público y pueden tener créditos tributarios, pero no tienen una potestad normativa. Están sujetos al control financiero público.

VII.   LA ADMINISTRACIÓN FINANCIERA: VISIÓN GENERAL

Los organismos públicos que se dedican a la administración de los impuestos son el *Ministerio de Hacienda* y la *Agencia Estatal de AT*. Los órganos del Ministerio de Hacienda, que luego veremos con más detalle (*véase* «La Administración financiera: órganos», *infra.*), son la Secretaría de Estado de Hacienda, los Tribunales Económico-Administrativos, la Secretaría de Estado de Presupuestos, la Intervención General de la Administración del Estado y la Secretaría General Técnica.

La Agencia Estatal de AT trabaja no solamente por el Estado, sino también por las CCAA y por las Corporaciones locales. Como las CCAA participan en los impuestos estatales, en la LOFCA está previsto que tengan representación y participación en la gestión de los mismos en la Agencia Estatal de AT. Pues hay una coordinación en la política y en las funciones financieras.

El *Consejo de Coordinación de la Política Financiera y Fiscal* es un órgano consultivo en el que se reúnen los Consejeros, que toman varias decisiones, como las de modificación del sistema financiera, que el Gobierno luego tramita como proyectos de ley.

SEGUNDO.
LOS TRIBUTOS

CAPÍTULO 1. ANÁLISIS JURÍDICO DEL TRIBUTO

I. CONCEPTO DE LA TEORÍA GENERAL DEL TRIBUTO

Hay varias «escuelas» de teoría dogmática tributaria. Una escuela, la llamada escuela «funcionalista», estudia el derecho tributario desde el punto de vista de los procedimientos. El enfoque está en las funciones del Estado y otros poderes públicos (la recaudación, la sanción, etc.). Dichos procedimiento representan *potestades* y *poderes* de las AAPP. En la escuela de las «obligaciones», en cambio, el derecho tributario se estudia no desde el punto de vista de potestades de las AAPP y se entiende no como una relación vertical entre la AP y el ciudadano, sino como una serie de obligaciones y derechos de ambas partes que se someten al imperio de la ley.

La tensión entre estas dos escuelas se resuelva en el «instituto del tributo», que considera el tributo desde la perspectiva de una relación bilateral que implica *obligaciones* y *derechos* impuestos por la ley a la AP y al contribuyente. Se estudian los procedimientos del tributo a través de todas las relaciones en el derecho tributario, entre la AP y los contribuyentes y entre los contribuyentes entre sí, con un enfoque en las obligaciones tributarias materiales (de pagar la deuda) y formales (de declarar, registrar, etc.).

II. PLAN DE EXPOSICIÓN DE LA TEORÍA GENERAL DEL TRIBUTO

A. Obligaciones del contribuyente

1. *Obligación tributaria principal: el pago de la deuda*

Para fijar la estructura del tributo podemos en primer lugar analizar la ***obligación tributaria principal*** de ***pagar la deuda***, principio que puede ser encuadrada y analizada según siguiente esquema que utilizaremos para navegar la materia:

a. *Hecho imponible (art. 20 LGT) y exenciones objetivas (art. 22 LGT)*

El hecho imponible es el *presupuesto fijado por la ley* para configurar cada tributo y cuya realización origina el nacimiento de la obligación tributaria principal (art. 20.1 LGT). La ley puede eximir del cumplimiento de la obligación por el hecho o acto realizado. Se trata de la llamada «exención objetiva», que será el caso de una ambulancia, por la función social que cumple. La exención, que puede ser temporal (durante un periodo fijo) o permanente (el supuesto normal), es el reverso del hecho imponible[5].

b. Sujetos (art. 35 LGT) y exenciones subjetivas (art. 22 LGT)

Como veremos más adelante, son sujetos a los tributos las personas físicas o jurídicas y las entidades a las que la normativa tributaria impone el cumplimiento de obligaciones tributarias (art. 35.1 LGT). La ley puede además eximir del cumplimiento de la obligación por los sujetos que realizan el hecho imponible. Se trata de la «exención subjetiva» (ej.: la exención de un incapacitado) (art. 22 LGT). Como en la exención objetiva, en la subjetiva, a pesar de la realización del hecho imponible, la ley exime del cumplimiento de la obligación tributaria principal (art. 22 LGT).

c. Objeto del tributo (art. 19 LGT) y beneficios fiscales (art. 14 LGT)

El objeto del tributo es el pago de la deuda tributaria (art. 19 LGT), pero la ley puede establecer beneficios fiscales (exenciones parciales), que pueden ser reducciones, deducciones o bonificaciones a dicho pago. Se trata de un aligeramiento de la carga tributaria.

d. Extinción (art. 59 LGT) y prescripción (art. 66 LGT)

Como regla general, la obligación tributaria se extingue por el pago de los tributos (véase art. 59.1 LGT), pero éstos pueden extinguir, entre otros supuestos, por la prescripción del plazo de la AP para exigir su pago (art. 59.1, 66.b LGT).

2. Obligación autónoma de realizar prestaciones (pagos) a cuenta

La obligación tributaria autónoma de realizar pagos a cuenta de la obligación tributaria principal consiste en satisfacer un importe a la AT, por: (i) el obligado a realizar pagos fraccionados; (ii) el retenedor; o (iii) el obligado a realizar ingresos a cuenta (art. 23.1 LGT).

3. Obligaciones entre particulares

Las obligaciones entre particulares son las que tienen por objeto una prestación de naturaleza tributaria exigible entre obligados tributarios (art. 24 LGT). Puede ser, por ejemplo, la obligación de *retención* entre un empresario y un trabajador, o, en el caso de una venta de una empresa, la *repercusión* del IVA al cliente. Son obligaciones que nacen de la ley, pero que se establecen entre particulares, sin intervención de la AP.

---

[5] La exención ha de no confundirse con la no sujeción. En este segundo supuesto, la ley completa la delimitación del hecho imponible mediante la mención de supuestos que no son sujetos al tributo (art. 20.2 LGT). Es un complemento negativo que se agrega a la definición del hecho imponible afín de *aclarar* o mejor *definirlo*. Por ejemplo, por excluir los vehículos históricos del hecho imponible en el Impuesto Municipal de Circulación, el Legislador está aclarando la definición de «vehículos aptos para circular». Sin embargo, el efecto de la exención y de la no sujeción es el mismo: no nace la obligación tributaria.

4. Obligaciones accesorias

Las obligaciones subsidiarias, o «accesorias» (según la LGT) se exigen en relación con otras obligaciones tributarias. Son accesorias las obligaciones de satisfacer el **interés de demora**, los **recargos por declaración extemporánea**, los **recargos del período ejecutivo** y el recargo de apremio (art. 25.1 LGT).

5. Obligaciones formales

Son obligaciones tributarias formales las que son impuestas por ley a los obligados tributarios sin tener carácter pecuniario (*p. ej.*, las obligaciones de presentar declaraciones, autoliquidaciones y comunicaciones, de registrar, de llevar y conservar libros de contabilidad y archivos informáticos, de entregar facturas, etc.). Su cumplimiento está relacionado con el desarrollo de actuaciones o procedimientos tributarios o aduaneros (art. 29.1-.2 LGT).

B. Obligaciones de la administración

La AT está sujeta al ordenamiento jurídico y al cumplimiento de las obligaciones de contenido económico legalmente previstas, que son concretamente: la obligación de *realizar las devoluciones* derivadas de la normativa de cada tributo, la de *devolver los ingresos indebidos*, la de *reembolso de los costes* de las garantías y la de satisfacer *intereses* de demora (art. 30 LGT).

C. Sanciones

Las sanciones tributarias están fueras del marco de obligaciones del contribuyente y por tanto, no tienen la consideración de obligaciones accesorias (art. 25.2 LGT). Se rigen por principios distintos de los del derecho tributario; no se aplican por la realización de un hecho imponible sino por haber infringido a un deber tributario.

III.   LAS CATEGORÍAS TRIBUTARIAS

Los tributos pueden consistir en impuestos, tasas o contribuciones especiales.

1. Impuestos

Los impuestos son los tributos exigidos por la AP **sin contraprestación** alguna. Por tanto, no existe ninguna vinculación entre el conjunto de servicios y actividades públicas que recibe el contribuyente (ej.: la defensa nacional) y el hecho imponible que da lugar a la obligación tributaria (ej.: la renta). En cambio, el hecho imponible de los impuestos está constituido por negocios, actos o hechos que ponen de manifiesto la *capacidad económica* real o potencial del sujeto pasivo (art. 2.2.c LGT).

2. Tasas

Son tributos cuyo hecho imponible consiste en: (i) la **utilización privativa** o el **aprovechamiento especial** del dominio público; (ii) la prestación de **servicios** o la realización de **actividades** en régimen de derecho público que se refieran, afecten o beneficien de modo particular al obligado tributario, cuando los *servicios* o *actividades* no sean de solicitud o recepción voluntaria para los obligados tributarios (ej.: la recogida de basura) o no se presten o realicen por el sector privado (art. 2.2.a LGT). Podemos resumir este segundo supuesto según el siguiente cuadro:

	Con solicitud o recepción voluntaria	Sin solicitud o recepción voluntaria
Prestado por el sector público	Es una tasa.	Es una tasa.
Prestado por el sector privado	No es una tasa.	Es una tasa.

Los servicios se prestan y las actividades se realizan en régimen de derecho público cuando se lleven a cabo mediante cualquiera de las formas previstas en la legislación administrativa para la gestión del servicio público y su titularidad corresponda a un ente público (art. 2.2.a LGT).

3. Contribuciones especiales

Las contribuciones especiales son los tributos cuyo hecho imponible consiste en la obtención por el sujeto pasivo de un **beneficio** o de un **aumento de valor específico** de sus bienes como consecuencia de la realización de obras públicas o del establecimiento o ampliación de servicios públicos (art. 2.2.b LGT). La contribución especial puede ser comunitaria, estatal, provincial o municipal. En contraste con la tasa, que puede o no implicar una actividad o servicio solicitado por el contribuyente, el hecho imponible de la contribución especial nunca se realiza voluntariamente o con solicitud.

CAPÍTULO 2. EL HECHO IMPONIBLE

I. CONCEPTO

Como ya hemos visto, el hecho imponible es el *presupuesto fijado por la ley* para configurar cada tributo y cuya realización origina el nacimiento de la obligación tributaria principal. La ley podrá completar la delimitación del hecho imponible mediante la mención de *supuestos de no sujeción* (art. 20 LGT). La causa de la obligación tributaria es la realización del hecho imponible.

II. ESTRUCTURA DEL HECHO IMPONIBLE

A. Elemento material. El objeto del tributo

El objeto de la obligación tributaria es el pago de la deuda pública. Podemos analizarlo en los siguientes tres bloques:

- *Objeto de la obligación:* varia en cada impuesto particular. Por ejemplo, en el impuesto sobre patrimonio, es la titularidad de bienes y derechos; en el IVA,

es la entrega de bienes, la prestación de servicios, las adquisiciones intracomunitarias y la importación de bienes.
- *Objeto-fin:* el IVA grava el consumo.
- *Objeto imponible:* un acontecimiento, un negocio jurídico (*p. ej.*, la entrega de bienes, la adquisición de bienes mediante *mortis causa* o *inter vivos* (la donación o sucesión)).

Podemos clasificar el hecho imponible según sea: (i) complejo (ej.: la renta del contribuyente) o simple (ej.: la compraventa); o (ii) genérico (la adquisición de bienes a título gratuito *inter vivos*) o específico (un regalo en concreto).

Podrá el hecho imponible además ser complementario. Será, por ejemplo, el caso de un sujeto pasivo que no hace nada respecto a una herencia de su padre y una vez prescrito el plazo de cuatro años, renuncia la herencia para que pase a su hijo (el nieto) sin imposición alguna de impuestos. En este caso, un impuesto complementario se impondrá a la herencia del hijo, como si fuera una donación.

B. Elemento subjetivo

En cada hecho imponible, hay de definir el sujeto pasivo que va a pagar el impuesto, ya que en algunos supuestos, intervienen varios sujetos. Tiene que haber un vínculo entre el hecho y la persona a quien se atribuye su realización. Dicho vínculo puede ser: la *titularidad* de un bien (ej.: el titular del vehículo para el Impuesto sobre Vehículos de Tracción Mecánica); la *realización* de un acto; la *adquisición* de bienes (ej.: el IVA); una *solicitud*; o la *obtención* (ej.: la obtención de la renta en el IRPF).

No siempre corresponde el obligado tributario con la persona a quien se atribuye su realización. Por ejemplo, en el IRPF, el empleado es el obligado, pero el empresario es quien tiene la obligación autónoma de retener cada vez que le paga el sueldo; el empleado es titular de la obligación, pero el empresario actúa.

C. Dimensión temporal: período; devengo; imputación

Para acotar el hecho imponible en el tiempo, es preciso analizar el devengo del tributo, que corresponde al momento en que se entiende realizado el hecho imponible y en el que nace la obligación tributaria principal. Si la ley de cada tributo no establece otra cosa, la fecha del devengo determina las circunstancias relevantes para la configuración de la obligación tributaria (art. 21 LGT), que puede ser instantáneo o periódico. En el instantáneo, el devengo coincide con la realización del hecho imponible. En el periódico, el devengo se produce al final o al principio de un período impositivo.

D. Dimensión espacial: los puntos de conexión

La dimensión especial se refiere al ámbito geográfico de vigencia de la norma en el que el hecho imponible produce su efecto. Los criterios de sujeción, o puntos de conexión, pueden estar basados en:

- *La territorialidad.* Según sea el destino, origen, tránsito, radicación o registro del tributo;
- *La residencia.* Es una vinculación no formal (*p. ej.*, vecindad civil), sino material (*i.e.*, la residencia habitual). Por ejemplo, el IRPF grava la renta de quien resida más de 180 días del año en territorio español o,

alternativamente, que tenga el núcleo principal de sus intereses económicos en el territorio español); o

- *La nacionalidad del contribuyente*. Es un criterio íntimamente vinculado con el elemento sujeto del tributo, que puede gravar el hecho imponible solo cuando se realiza por un sujeto de una nacionalidad determinada. Es un criterio importante en el sistema tributario estadounidense.

CAPÍTULO 3. LOS SUJETOS DE LAS RELACIONES TRIBUTARIAS

I. EL SUJETO ACTIVO (ADMINISTRACIÓN PÚBLICA) Y LOS OBLIGADOS TRIBUTARIOS

Las relaciones tributarias son relaciones bilaterales y por tanto, existen sujetos activos y pasivos. El sujeto activo es el órgano de la AP que es titular del crédito tributario, pero no es siempre el mismo el titular de las potestades normativas y el titular de las aplicativas. Por ejemplo, confecciona el censo sobre el Impuesto sobre vehículos de tracción mecánico la *Dirección General de Tráfico*, pero el titular del crédito tributario es el *Ayuntamiento*. Puede haber un órgano que legisla, otro órgano que aplica y aún otro que recauda el tributo.

Los sujetos pasivos en la relación tributaria, en sentido amplio, son los contribuyentes y otros obligados tributarios (retenedores, responsables tributarios, etc.). En sentido estricto, solo son sujetos pasivos el contribuyente y el sustituto.

II. LOS OBLIGADOS DE LAS PRESTACIONES TRIBUTARIAS: MARCO GENERAL

A. Personas físicas o jurídicos públicas o privadas

Son obligados tributarios las *personas físicas* o *jurídicas* y las entidades públicas o privadas a las que la normativa tributaria impone las obligaciones tributarias (art. 35.1 LGT).

B. Deudores de prestaciones tributarias materiales

Las obligaciones tributarias materiales, en contraste con las formales, son de dar y de pagar. Son deudores de las prestaciones materiales: (i) los sujetos pasivos (el contribuyente y el sustituto del contribuyente); y (ii) los deudores de prestaciones a cuenta (el obligado a realizar pagos fraccionados, el retenedor y el obligado a practicar ingresos a cuenta).

III. SUJETOS PASIVOS: EL CONTRIBUYENTE Y SUSTITUTO

El sujeto pasivo es el obligado tributario que debe cumplir la obligación tributaria principal y las obligaciones formales, sea como *contribuyente* o como *sustituto* del mismo (art. 36.1 LGT).

A. El contribuyente (art. 35.2.a LGT)

El sujeto pasivo que realiza el hecho imponible es el contribuyente llamado a pagar la deuda (art. 36.2 LGT).

Normalmente, la ley define como hecho imponible un acto del contribuyente que pone de manifiesto su capacidad económica. Pero no siempre es el caso. Por ejemplo, en el IVA, los sujetos pasivos son los *empresarios* o *profesionales* que realicen las entregas de bienes o presten los servicios sujetos al IVA y los *adquirientes* de las adquisiciones intracomunitarias e importaciones (arts. 84 a 86 LIVA). El mismo empresario, profesional o adquiriente también está obligado a repercutir. Pues quien paga al final es el consumidor llamado a soportar la repercusión. Aunque el sujeto pasivo sea el empresario, profesional o adquiriente, *el sujeto a quien se quiere gravar es el consumidor*. Entonces, este impuesto indirecto en realidad pone de manifiesto no la capacidad económica del sujeto pasivo, que al final repercute, sino del consumidor que adquiere el bien o servicio.

Sin embargo, la LGT establece que no pierda la condición de sujeto pasivo (contribuyente o sustituto) él que deba *repercutir* la cuota tributaria a otros obligados (salvo que la ley de cada tributo disponga otra cosa) (art. 36.1 LGT). Entonces, en el caso del IVA y en otros impuestos indirectos, el hecho imponible no necesariamente pone de manifiesto la capacidad económica del sujeto pasivo.

Si se sube el IS, las sociedades pueden por la figura de la traslación subir los precios al consumidor para recuperar la diferencia. La traslación es un derecho y por tanto, no es como la repercusión, que es una obligación jurídica.

sustitución, sucesión.

B. El sustituto (art. 35.2.b LGT)

Es sustituto el sujeto pasivo que, por imposición de la ley, *está obligado a cumplir la obligación tributaria principal*, así como las obligaciones formales inherentes a la misma, en lugar del contribuyente. Ocupa el lugar del contribuyente a todos los efectos tributarios (art. 36.3 LGT). Hay un desplazamiento completo del contribuyente. Por tanto, si el sustituto no cumple con sus obligaciones, la Hacienda pública ha de dirigirse no contra el contribuyente, sino contra el sustituto.

El sustituto tiene derecho de resarcimiento y por tanto, puede exigir del contribuyente el importe de las obligaciones tributarias satisfechas, salvo que la ley señale otra cosa (art. 36.3 LGT).

Por ejemplo, son sujetos pasivos de las tasas de la LRHL las personas físicas y jurídicas y entes sin personalidad jurídica que: (i) disfruten, utilicen o aprovechen el dominio público local en beneficio particular; o (ii) soliciten o resulten beneficiadas por los servicios o actividades locales que presten o realicen las entidades locales (art. 23.1 LRHL), pero son sustitutos del contribuyente en las tasas establecidas por razón de servicios que beneficien los ocupantes de viviendas los propietarios de dichos inmuebles, quienes podrán repercutir las cuotas sobre los respectivos beneficiarios (art. 23.2.a LRHL).

El sustituto no debe confundirse con el responsable tributario (*véase infra.*, «Responsables tributarios solidarios y subsidiarios»).

IV. LOS OBLIGADOS A REALIZAR PRESTACIONES (PAGOS) AUTÓNOMAS A CUENTA

La obligación a realizar prestaciones anticipadas a cuenta se aplica en los impuestos que gravan la renta (el IS, IRNR e IRPF). Podemos analizar esta obligación según sea el deudor (i) el obligado a realizar pagos fraccionados; (ii) el retenedor; o (iii) el obligado a realizar ingresos a cuenta. En los tres casos, la obligación tributaria de realizar pagos a cuenta es *autónoma, no accesoria*, respecto de la obligación principal (art. 23.1.II LGT).

A. Obligados a realizar pagos fraccionados (art. 35.2.c LGT)

El pago fraccionado es una obligación de ingresar cantidades a cuenta de la obligación tributaria principal con anterioridad a que ésta resulte exigible (art. 37.1 LGT). Se aplica al contribuyente principal en el IRPF, IRNR e IS. El obligado ha de realizar los pagos fraccionados tres o cuatro veces al año (depende si es persona física o jurídica) y luego puede deducirlos de su deuda final. Los pagos fraccionados son como la retención pero el obligado a realizarlos es el propio contribuyente[6].

B. Retenedores (art. 35.2.d, h LGT)

El contribuyente que obtenga una renta tiene la obligación de realizar prestaciones a cuenta a la AT, pero esta obligación no recae sobre él, sino sobre un tercero, que normalmente es su empleador[7], que ha de retener las prestaciones de su salario. Esta modalidad de prestaciones a cuenta se denomina «retención» o «retención a cuenta», y es una de las obligaciones del empresario, llamado «retenedor», que la ley define como «la persona o entidad a quien la Ley de cada tributo impone la obligación de detraer e ingresar en la AT, con ocasión de los pagos que deba realizar a otros obligados tributarios, una parte de su importe a cuenta del tributo que corresponda a éstos» (art. 37.2 LGT). Pues el retenedor realiza el ingreso de los pagos fraccionados en el Tesoro en lugar del contribuyente.

La retención tiene las siguientes funciones:

- *Tesorería*. Por la retención, se consiga que la Hacienda Pública disponga de liquidez para cobrar sus gastos al largo del año;
- *Control*. Respecto al IRPF, facilita al contribuyente el cumplimiento se su obligación tributaria, prorrogando durante todo el año el pago del tributo que debe;

---

[6] No es el mismo el pago fraccionado y el fraccionamiento del pago. Este último se refiere al aplazamiento del pago de la deuda tributaria, que permite el pago de una parte de la deuda después en lugar de pagarlo íntegramente una vez devengada. El pago fraccionado, en cambio, es un anticipo de la deuda tributaria.

[7] No siempre es el empleador; puede ser, por ejemplo, el banco que tiene la obligación de retener de los dividendos de su cliente/contribuyente.

- *Anestesia fiscal.* Una de las funciones que cumple la retención es la anestesia fiscal: el contribuyente no tiene consciencia de lo que se están sacando.

El contribuyente podrá deducir de la obligación tributaria principal el importe de las retenciones soportadas, salvo que la ley propia de cada tributo establezca la posibilidad de deducir una cantidad distinta a dicho importe (art. 23.2 LGT)

C. Obligados a realizar ingresos a cuenta (art. 35.2.e LGT)

El ingreso a cuenta es un tipo de retención cuando los pagos que deben retenerse se satisfagan en especie (retribuciones no dinerarias). En este caso, la persona o entidad pagadora ha de ingresar la cantidad que corresponde al valor del mercado de la prestación en especie, deduciéndola como pago a cuenta (*véase* art. 37.3 LGT)[8].

El contribuyente podrá deducir de la obligación tributaria principal el importe de los ingresos a cuenta soportados, salvo que la ley propia de cada tributo establezca la posibilidad de deducir una cantidad distinta a dicho importe (art. 23.2 LGT). Además, podrá pagar el importe directamente, indirectamente incrementando el sueldo del empleado.

V. LOS OBLIGADOS TRIBUTARIOS EN LAS RELACIONES ENTRE PARTICULARES

Son deudores de prestaciones en relaciones tributarias entre particulares: (i) los obligados a *repercutir* y los obligados a *soportar la repercusión* (art. 35.2.f, g); y (ii) los obligados a *retener* y a *practicar ingresos a cuenta* y los obligados a *soportar la retención* y los *ingresos a cuenta* (art. 35.2 h, i).

A. Obligados a repercutir y a soportar la repercusión (art. 35.2.f, g)

Es *obligado a repercutir* la persona o entidad que, conforme a la ley, debe repercutir la cuota tributaria a otras personas o entidades particulares y que, salvo que la ley disponga otra cosa, coincidirá con aquel que realiza las operaciones gravadas (art. 38.1 LGT). Es *obligado a soportar la repercusión* la persona o entidad a quien, según la ley, se deba repercutir la cuota tributaria, y que, salvo que la ley disponga otra cosa, coincidirá con el destinatario de las operaciones gravadas (art. 38.2 LGT). La repercusión es por tanto un deber jurídico a trasladar una deuda tributaria desde un particular a otro.

Se aplica en el IVA, en impuestos especiales (alcoholes; tabaco; hidrocarburos; seguros) y en aduanas.

B. Obligados a soportar la retención y los ingresos a cuenta (art. 35.2.d, e, h, i LGT)

Las obligaciones de retener y de realizar ingresos a cuenta son obligaciones entre la persona o entidad pagadora y la AT. Al otro lado de la relación existe la relación entre la persona o entidad pagadora y el contribuyente que recibe una renta y que está

---

[8] Según el lenguaje literal del art. 37.3 LGT, han de realizar ingresos a cuenta no solamente las personas o entidades que satisfacen rentas en especie, sino también las que satisfacen rentas «dinerarias». Este lenguaje es sin embargo impreciso; los ingresos a cuenta han de entenderse como aplicables a solamente los casos de presentaciones en especie.

obligado a soportar la retención y los ingresos a cuenta de la persona o entidad pagadora.

VI.   LOS SUCESORES EN LA DEUDA TRIBUTARIA

También son obligados tributarios los sucesores (art. 35.2.j LGT). A la muerte del obligado tributario, se transmitirán a sus herederos o legatarios las obligaciones tributarias pendientes, pero no las sanciones tributarias, ya que éstas son personalísimas. Las obligaciones tributarias se transmitirán a los legatarios en las mismas condiciones que las establecidas para los herederos cuando la herencia se distribuya a través de legados y cuando se instituyan legados de parte alícuota (art. 39.1 LGT). Respecto a la herencia yacente, en la que ningunos de los llamados han aceptado y adquirido la herencia, el cumplimiento de las obligaciones tributarias del causante corresponderá al representante de la herencia, que normalmente es el administrador (art. 39.3 LGT).

De las obligaciones tributarias pendientes de las sociedades y entidades con personalidad jurídica disueltas y liquidadas, responderán sus socios, partícipes o cotitulares, que quedarán *obligados solidariamente*[9] hasta el límite del valor de la cuota de liquidación que les corresponda (art. 40.1 LGT).

VII.   LOS BENEFICIARIOS DE EXENCIONES, DEVOLUCIONES O BONIFICACIONES

Además, es obligado tributario el «beneficiario» en supuestos de exención, devolución o bonificaciones tributarias, cuando no tenga la condición de sujeto pasivo (art. 35.2.k LGT). Ser beneficiario de una devolución es la única condición en que el contribuyente es acreedor de la AT.

VIII.   OBLIGADOS A REALIZAR PRESTACIONES FORMALES

También son obligados tributarios aquellos a quienes la normativa tributaria impone el cumplimiento de prestaciones *formales* (art. 35.3 LGT). Son obligaciones formales, entre otras que ya hemos visto, las de presentar declaraciones, autoliquidar, comunicar, registrar y conservar libros de contabilidad) (art. 29.1, 2 LGT).

IX.   ENTIDADES CARENTES DE PERSONALIDAD JURÍDICA

Además, cuando la ley lo establezca, son obligados tributarios los entes sin personalidad jurídica, como: (i) las *herencias yacentes*; (ii) las *comunidades de bienes*; y (iii) los demás *entes carentes de personalidad jurídica* que constituyan una

---

[9] A no confundir con la responsabilidad solidaria. Los socios, partícipes o cotitulares responderán como sucesores; el gestor del patrimonio en liquidación de una sociedad que no hubiese realizado las gestiones necesarias para el íntegro cumplimiento de las obligaciones tributarias responde como responsable subsidiario (art. 43.1.c LGT).

unidad económica o un patrimonio separado susceptibles de imposición, como centros de imputación de efectos jurídicos (art. 35.4 LGT).

La capacidad tributaria hace referencia a la aptitud para *ser sujeto de derechos y obligaciones*. Es preciso destacar que uno puede ser titular de derechos y obligaciones tributarios sin tener capacidad para ejercerlos.

En el caso de los entes sin personalidad jurídica, no pueden ser sujetos de derechos y obligaciones tributarios, ya que solo pueden ser sujetos las personas físicas o jurídicas. Por tanto, los contribuyentes en el caso de los entes sin personalidad jurídica son los partícipes de los entes, pero los entes pueden ser *centros de imputación* de efectos jurídicos. Por tanto, la ley los reconoce como obligados tributarios (art. 35.4 LGT).

X. RESPONSABLES SOLIDARIOS Y SUBSIDIARIOS (ART. 35.5 LGT)

También son obligados tributarios los responsables solidarios o subsidiarios que responden de la deuda tributaria, en garantía del pago (art. 35.5 LGT). No son sujetos pasivos y no ocupan el lugar del deudor principal, como hace el sustituto; en cambio, están junto al deudor principal (art. 41.1 LGT). Son responsables no de una deuda propia, sino de una deuda del contribuyente. Serán titulares del derecho al reembolso del contribuyente y por tanto. A menos que la ley establezca otra cosa, la responsabilidad no alcanzará a las sanciones (art. 41.4 LGT).

Antes de dirigirse contra el responsable tributario, la Administración necesita un acto de declaración de responsabilidad por importe de la deuda (v. art. 175 LGT).

A. Responsable solidario

El responsable solidario está «al lado» del contribuyente y responde de la deuda *solamente cuando el contribuyente no la pague*. Se trata de una responsabilidad «solidaria», o directa, una vez transcurrido el periodo voluntario de pago.

Serán responsables solidarios las siguientes personas o entidades (art. 42.1 LGT):

- Coautores o colaboradores (cómplices) en la infracción (se aplica la sanción);
- Copartícipes o cotitulares de entes sin personalidad jurídica;
- Adquirentes de explotación económica.

También serán responsables solidarios de la deuda tributaria y de las sanciones las siguientes personas o entidades en los supuestos del alzamiento de bienes (art. 42.2 LGT):

- Coautores o colaboradores en la ocultación o transmisión de bienes del obligado al pago con la finalidad de impedir la actuación de la AP;
- Las que incumplan las órdenes de embargo por culpa o negligencia;
- Las que, con conocimiento del embargo, la medida cautelar o la constitución de la garantía, colaboren o consientan en el levantamiento de los bienes embargados;
- Las personas o entidades depositarias de los bienes del deudor que reciben una notificación del embargo y colaboren o consientan en el levantamiento de dichos bienes (ej.: el gerente de un banco que reciba una orden de embargo e informa al cliente para que vacíe la cuenta embargada).

B. Responsable subsidiario

El responsable subsidiario está «detrás» del contribuyente y responde de la deuda *solamente cuando el contribuyente no la pague* y, además, sea insolvente. Es una responsabilidad subsidiaria, o indirecta, a partir de la declaración de fallido.

Pueden ser responsables subsidiarios, entre otros, las siguientes personas o entidades (art. 43.1 LGT):

- Administradores de hecho o de derecho negligentes de las personas jurídicas (se aplica la sanción);
- Administradores de hecho o de derecho de entidades que hayan cesado en sus actividades;
- Gestores de patrimonio en liquidación de sociedades y entidades en general que no hubiesen realizado las gestiones necesarias para el íntegro cumplimiento de las obligaciones tributarias imputables a los respectivos obligados tributarios;
- Adquirentes de bienes afectos;
- Agentes y comisionistas de aduanas cuando actúen en nombre y por cuenta de sus comitentes; y
- Contratistas y subcontratistas, por las obligaciones tributarias relativas a tributos que deban repercutirse o cantidades que deban retenerse a trabajadores, profesionales u otros empresarios.

XI. OBLIGACIONES SOLIDARIAS (ART. 35.6 LGT)

La obligación solidaria, a no confundir con la responsabilidad solidaria o subsidiaria, hace referencia a la solidaridad entre los deudores de una *misma deuda tributaria*. Se aplica en los supuestos en que dos o más sujetos realizan conjuntamente un hecho imponible y por tanto comparten la misma deuda (ej.: los esposos, los socios de una sociedad, etc.). En estos casos, la AT, para recuperar la deuda, puede dirigirse contra cualquier de los sujetos pasivos, ya que éstos quedan solidariamente obligados frente al cumplimiento de todas las prestaciones (salvo que por ley se disponga otra cosa) (art. 35.6 LGT).

CAPÍTULO 4. CUANTIFICACIÓN DE LA DEUDA TRIBUTARIA

I. LA DEUDA TRIBUTARIA

La *deuda tributaria* estará constituida por la *cuota o cantidad a ingresar* que resulte de la *obligación tributaria principal* o de las obligaciones de realizar *pagos a cuenta* (art. 58.1 LGT). La obligación tributaria principal y la obligación de realizar pagos a cuenta se determinarán a partir de las *bases tributarias*, los *tipos de gravamen* y los demás *elementos previstos* en el Capítulo III del Título II de la LGT, según disponga la ley de cada tributo (art. 49 LGT).

Además, la deuda tributaria estará integrada por: (i) el *interés de demora*; y (ii) los *recargos*, los cuales se integran por a) los recargos por declaración extemporánea del contribuyente que paga su deuda tarde; b) los recargos del período ejecutivo; y c) los recargos exigibles legalmente sobre las bases o las cuotas (art. 58.2 LGT). Las *sanciones* tributarias no forman parte de la deuda tributaria (art. 58.3 LGT).

II. BASE IMPONIBLE Y BASE LIQUIDABLE

A. Visión general

1. Base imponible

La base imponible es la *medición* o *valoración* del elemento material del hecho imponible. Es la expresión numérica de la capacidad económica sujeta a gravamen, expresada en dinero (como porcentaje de la base imponible) o en magnitudes de otra naturaleza (ej.: en el impuesto sobre la cerveza, los litros de cerveza que se venden) (art. 50.1 LGT). Cuando la base imponible se expresa en otras magnitudes, el dinero está en el tipo impositivo. Pues el dinero se pone en el tipo o se pone en la base.

Presupuestos de hecho de otras obligaciones y bases tributarias

2. Base liquidable

La base liquidable, en cambio, es la base imponible menos las reducciones establecidas en la ley (art. 54 LGT). Por ejemplo, la *base liquidable* del IRPF equivale a la renta (en función de *base imponible*) menos las reducciones, que toman en cuenta la capacidad económica del contribuyente.

B. Métodos de determinación de bases

Hay tres métodos de determinación de la base imponible y liquidable: (i) la estimación directa; (ii) la objetiva; y (iii) la indirecta.

1. Estimación directa

En la estimación directa, se calcula la base imponible a partir de *lo declarado* mediante declaraciones o documentos presentados, los datos consignados en libros y registros y los demás documentos, justificantes y datos que tengan relación con los elementos de la obligación tributaria (art. 51 LGT).

2. Estimación objetiva

Mediante estimación objetiva, se calcula la base imponible a través de *elementos indiciarios* como las magnitudes, índices, módulos o datos previstos en la normativa propia de cada tributo (arts. 52 LGT). Por ejemplo, pueden servir como elementos indiciarios el número de mesas de una cafetería, la gasolina consumida en un taxi o la superficie de las instalaciones de una tienda. *Sólo se aplica en el IRPF* para los rendimientos de las actividades económicas llevadas a cabo por personas físicas que actúan como empresarios a título personal (sin hacerlo mediante una persona jurídica con forma societaria o asimilada) cuando dichos rendimientos no superan determinados cuantías. En estos casos, los contribuyentes pueden optar entre la estimación directa y la objetiva.

3. *Estimación indirecta (remisión)*

La estimación indirecta es un régimen subsidiario que se aplica en el IRPF e IS cuando la AT no pueda disponer de los datos necesarios para la determinación completa de la base imponible como consecuencia de alguna de las siguientes circunstancias (art. 53.1 LGT):

- La falta de presentación de declaraciones completas y exactas;
- La resistencia, obstrucción, excusa o negativa a la actuación inspectora;
- El incumplimiento sustancial de las obligaciones contables o registrales; o
- La desaparición o destrucción (aun por causa de fuerza mayor) de los libros y registros contables o de los justificantes de las operaciones anotadas en ellos.

En estos supuestos, para calcular las bases o rendimientos, se emplean los siguientes medios: (i) la aplicación de los datos y antecedentes disponibles que sean relevantes al efecto; (ii) la utilización de elementos que indirectamente acrediten la existencia de los bienes y de las rentas, así como de los ingresos, ventas, costes y rendimientos que sean normales en el respectivo sector económico, atendidas las dimensiones de las unidades productivas o familiares que deban compararse en términos tributarios; y (iii) la valoración de las magnitudes, índices, módulos o datos que concurran en los respectivos obligados tributarios (*p. ej.*, la cuantía de paquetes de azúcar entregados a un restaurante) (art. 53.2 LGT).

Si se trata de un empresario persona física que pudiera haber optado por la estimación objetiva, la Administración, a fin de llevar a cabo la estimación indirecta, puede recurrir a los parámetros de rentabilidad empleados en la estimación objetiva (*p. ej.*, la superficie de las instalaciones), incluso con carácter preferente.

III. TIPOS DE GRAVAMEN

El tipo de gravamen es la cifra o porcentaje que se aplica a la *base liquidable* para obtener como resultado la *cuota íntegra* (art. 55.1 LGT). El tipo de gravamen puede ser (art. 55.2 LGT):

- *Específico*, que se mesura según una cuantía monetaria por unidad(es) de base (ej.: en el caso del gravamen de la cerveza, se expresa en cuantías físicas);
- *Gradual*, en el que el importe del impuesto se determina con relación a los grados o escalones de la base;
- *Porcentual o alícuota*, que pueden ser: (i) proporcional (se aplica el mismo tipo de gravamen, sea cual sea la base imponible); (ii) progresivo (se incrementa el tipo a medida que se incrementa la base imponible)[10]; o (iii) regresivo (se disminuye el tipo a medida en que se incrementa la base imponible); o
- *Reducido o bonificado*, que puede llegar hasta una exención total (tipo cero), como es el caso de vino en España.

---

[10] La progresividad puede ser continua, en la que se aplica el mismo tipo a toda la base, o por escalones, en la que se aplica un tipo para cada tramo (como es el caso del IRPF).

IV. CUOTAS TRIBUTARIAS

A. Cuota íntegra

La *cuota íntegra*, como ya hemos visto, se determinará aplicando el tipo de gravamen a la base imponible o, si hay reducciones, a la base liquidable (*véase* art. 56.1 LGT). La cuota puede ser fija, como es el caso de la mayoría de las tasas, o variable, que varia en función de la capacidad contributiva. La mayoría de impuestos tienen cuota variable. Podrá determinarse por estimación directa, objetiva o indirecta (art. 56.2 LGT).

En algunos supuestos, hay que aplicar ajustes en la cuota íntegra. La cuota se reduce, por ejemplo, cuando de la aplicación de los tipos de gravamen resulte que a un *incremento de la base* corresponde un *incremento de cuota superior*. Como el *incremento de cuota* no puede superar el *incremento de base*, la cuota se reduce de oficio (art. 56.3 LGT). El importe de la cuota íntegra podrá además modificarse mediante la aplicación de las *reducciones* o *límites* que la ley de cada tributo establezca en cada caso (art. 56.4 LGT).

B. Cuota líquida

La *cuota líquida* será el resultado de aplicar sobre la cuota íntegra las deducciones, bonificaciones, adiciones o coeficientes previstos, en su caso, en la ley de cada tributo, que incrementan o reducen el importe de la cuota íntegra (art. 56.5 LGT, v. art. 22 LISD; art. 69 TRIRPF). La deducción, en contraste con la reducción, que está calculada en función de la capacidad económica del contribuyente, es un porcentaje que se minora de la cuota líquida por un *incentivo fiscal*.

C. Cuota diferencial

La *cuota diferencial* será el resultado de minorar la *cuota líquida* en el importe de la deducción de las prestaciones ya satisfechas (pagos fraccionados, retenciones, ingresos a cuenta y cuotas), conforme a la normativa de cada tributo (art. 56.6 LGT). Sólo se aplica en el IRPF, IRNR c IS.

TERCERO.
LA APLICACIÓN DEL DERECHO TRIBUTARIO

CAPÍTULO 1. APLICACIÓN E INTERPRETACIÓN

Aplicar el derecho tributario implica las siguientes tres fases: (i) la *fijación* de los hechos que han de ser enjuiciados y *subsumidos* (cogidos y metidos en la normativa); (ii) la *localización* (determinación) de la norma aplicable en el tiempo y en el espacio a los hechos; y (iii) la *interpretación* de la norma mediante la *calificación* de los hechos.

I. LA FIJACIÓN DE LOS HECHOS: SUPUESTOS DE FRAUDE DE LEY

Al fijar los hechos que han de ser subsumidos en la norma aplicable, pueden surgir varias cuestiones respecto a la calificación de los hechos por el propio contribuyente. Por ejemplo, el contribuyente puede evadir los impuestos por esconder operaciones detrás la calificación de operación según formas no sujetas (art. 13 LGT), por el conflicto en la aplicación de la norma a actos o negocios artificios con el objeto del ahorro fiscal (art. 15 LGT) o por simulación (art. 16 LGT). Los tres son supuestos de fraude de ley contra los cuales lucha la LGT.

A. Principio de calificación (art. 13 LGT)

Según el art. 13 (principio de calificación), las obligaciones tributarias se exigirán con arreglo a la *naturaleza jurídica* del hecho, acto o negocio realizado, cualquiera que sea la *forma* que los interesados le hubieran dado, y prescindiendo de los defectos que pudieran afectar a su validez (art. 13 LGT). Es decir: las cosas son lo que son, con independencia de lo que dicen las partes. Pues, a fin de promover la justicia, prevalece el fondo, o el *elemento material* del acto o negocio realizado, sobre la forma.

B. Conflicto en la aplicación: abuso de derecho por lógica evasiva (art. 15 LGT)

En la aplicación de la norma tributaria, existe conflicto entre la AP y el contribuyente de aplicación de la norma tributaria cuando: (i) se evite total o parcialmente la realización del hecho imponible; o (ii) se minore la base o la deuda tributaria, mediante actos o negocios en los que concurran las siguientes circunstancias:

- Que, individualmente considerados o en su conjunto, sean notoriamente artificiosos o impropios para la consecución del resultado obtenido; y
- Que de su utilización no resulten efectos jurídicos o económicos relevantes, distintos del ahorro fiscal y de los efectos que se hubieran obtenido con los actos o negocios usuales o propios (art. 15.1 LGT).

Es preciso distinguir entre la *elusión o evitación del hecho imponible*—actuación que por sí sola es perfectamente lícita—y la elusión o evitación del hecho imponible cuando ésta viene acompañada por actos o negocios notoriamente artificiosos y la falta de efectos que no sean el ahorro fiscal. En este segundo supuesto, surge el conflicto en la aplicación de la norma tributaria. Se trata de un acto o negocio *indirecto*, que no es lo mismo que un no de negocios *simulados*, que analizaremos más abajo (*véase infra.*, «Declaración de simulación»). Será el caso, por ejemplo, de un futbolista que, a fin de evitar el gravamen del 43 % a su salario de un millón de euros, constituye negocio indirecto artificioso que consiste en una sociedad de derechos de imagen en los Bahamas que cede al club de fútbol la explotación económica de los derechos de imagen del futbolista. Pues en vez de pagarle al futbolista un millón de euros, el club de fútbol le paga 500,000 € y paga el resto a la sociedad de derechos de imagen. De esta manara, consigue evitar el gravamen del 43 % en el IRPF a la mitad del salario. Como ésta es una operación artificiosa sin fines que no sean más del ahorro de impuestos, será un caso de conflicto de aplicación.

En los casos de abuso de derecho por conflicto en la aplicación, se exigirá el tributo aplicando la norma que hubiera correspondido a los actos o negocios usuales o propios o eliminando las ventajas fiscales obtenidas, y se liquidarán intereses de demora, *sin imposición de sanciones* no cabe la sanción (art. 15.3 LGT).

C. Simulación (art. 16 LGT)

En la simulación, el sujeto esconde un negocio jurídico tras otro a fin de evitar impuestos. La simulación puede ser absoluto, en la que la causa del negocio jurídico es ilícita. Será el ejemplo de una venta de una casa a la mujer del sujeto en fraude de acreedores. Como ni siquiera se paga el precio, es una simulación, y como la causa de evitar a los acreedores es ilícita, es una simulación absoluta. En cambio, la simulación será relativa cuando el negocio jurídico escondido tiene una causa lícita. Será el caso típico una donación detrás de una compraventa en la que no hay precio. En realidad, el negocio es una donación cuya causa—la liberalidad del donante—es lícita.

La diferencia entre la simulación y el abuso de derecho es que solamente hay engaño en la simulación. Los supuestos de simulación no son supuestos de negocios indirectos, como son los de abuso de derecho, sino de engaño. Por tanto, en los casos de simulación, cabe la posibilidad de sancionar al sujeto (art. 16.3 LGT).

En los actos o negocios en los que exista simulación, el hecho imponible gravado será el efectivamente realizado por las partes (art. 16.1 LGT). La existencia de simulación será declarada por la AT en el correspondiente acto de liquidación, sin que dicha calificación produzca otros efectos que los exclusivamente tributarios (art. 16.2 LGT).

II. LOCALIZACIÓN DE LA NORMA APLICABLE

A. Eficacia de las normas tributarias en el tiempo

1. Vigencia

Las Leyes y los reglamentos que contengan normas tributarias deberán mencionarlo expresamente en su título y en la rúbrica de los artículos correspondientes (art. 9.1 LGT). Las normas tributarias entrarán en vigor a los *veinte días* naturales de su completa publicación en el boletín oficial que corresponda, si en ellas no se dispone otra cosa (art. 10.1 LGT).

La LGT exige que las leyes y los reglamentos que modifiquen normas tributarias contengan una relación completa de las normas derogadas y la nueva redacción de las que resulten modificadas (art. 9.2 LGT), pero en realidad, no siempre se hace (con frecuencia, el Legislador declara simplemente que quedan modificadas las normas que no son compatibles con la nueva ley).

Respecto a la declaración de inconstitucionalidad de una norma, solamente tiene efectos hacia adelante, no hacía detrás. Dicha declaración por tanto no afecta a las liquidaciones ya hechas en el pasado.

2. Extensión en el tiempo (art. 10 LGT)

a. Retroactividad

Las normas tributarias se aplicarán por plazo indefinido, salvo que se fije un plazo determinado. Salvo que se disponga lo contrario, las normas tributarias *no tendrán efecto retroactivo* y se aplicarán a los tributos sin período impositivo devengados a partir de su entrada en vigor y a los demás tributos cuyo período impositivo se inicie desde ese momento. La retroactividad plantea muchos problemas en términos de constitucionalidad respecto a los principios de *capacidad económica* y de *seguridad jurídica* (STC 150/1990). En todo caso, las normas tributarias no favorables a los obligados tributarios (*p. ej.*, las que establecen sanciones o recargos) no pueden tener efecto retroactivo, de acuerdo con el art. 9.3 CE.

b. Efecto anuncio. Ultraactividad y Derecho transitorio

Por el anuncio de un proyecto de ley que cambia la normativa tributaria, el contribuyente puede tomar decisiones económicas en función de la nueva normativa, frustrando su objetivo. Pues, para evitar esta situación, la ley puede tener efectos desde que se anuncia, evitando que se tomen decisiones respecto al mismo. Este principio se denomina el *afecto anuncio*.

La *ultraactividad* se aplica a las liquidaciones del pasado que no son firmes. Por ejemplo, si una liquidación del año 1998 fuera impugnada ante un tribunal, el cual dictó resolución en 2003, la ley aplicable no será la del 2003, sino la ley vigente en 1998, que sigue teniendo efectos de ultraactividad (aunque sea derogada).

B. Eficacia de las normas tributarias en el espacio

En cada caso, la ley establece el criterio de *residencia* o de *territorialidad* para la aplicación de los tributos. En su defecto, los tributos de *carácter personal* se exigirán conforme al criterio de residencia y los demás tributos conforme al criterio de territorialidad que resulte más adecuado a la naturaleza del objeto gravado (art. 11 LGT).

III.   INTERPRETACIÓN DE LAS NORMAS TRIBUTARIAS

A. Visión general

La *interpretación* de las normas tributarias corresponde exclusivamente al Ministro de Hacienda y será preceptiva para todos los órganos de la AT (art. 12.3 LGT). Otros órganos de la AP pueden dictar normas tributarias, pero no normas de interpretación, que corresponden a la exclusiva competencia del Ministro de Hacienda.

B. Criterios de interpretación

Las normas tributarias tienen carácter ordinario. Pues, los criterios aplicables a su interpretación son los mismos para cualquier otra norma. Asimismo, el art. 12.1 LGT establece que las normas tributarias se interpretarán con arreglo al art. 3.1 CC, según el *sentido propio* de sus palabras, en relación con el *contexto*, los *antecedentes históricos* y *legislativos*, y la *realidad social* del tiempo en que han de ser aplicadas, atendiendo fundamentalmente al espíritu y a la finalidad de aquellas.

C. El sentido de los términos

La interpretación de una norma tributaria puede ser una cuestión bien complicada, ya que la LGT no indica cuál de los distintos sentidos que puede tener un término prevalece en un caso determinado. Solo indica la LGT que los términos empleados en sus normas se entenderán conforme a su sentido *jurídico*, *técnico* o *usual*, «según proceda» (art. 12.2 LGT). Pero la interpretación del contribuyente puede ser distinta a la de la Administración tributación o del juzgado que ha de enjuiciar el caso.

En un caso real sobre una cerveza con un contenido de alcohol de 0,5%, la AT adoptó el sentido técnico del término «cerveza «sin alcohol» y sostenía que una cerveza con cualquier contenido de alcohol no es una cerveza «sin alcohol» y por tanto, está sujeta al impuesto especial sobre alcohol. La empresa fabricante de la cerveza, en cambio, adoptó el sentido usual del término, argumentando que los consumidores de «cervezas sin alcohol» la consumen para sustituir el alcohol. De igual modo, argumentó la empresa según el sentido jurídico, sosteniendo que, dado la voluntad del Legislador y la finalidad del impuesto especial sobre alcohol de reducir el consumo del alcohol, una cerveza con un contenido de 0,5 % de alcohol no sería sujeta al impuesto.

En los casos como éste en los que los diferentes criterios no son compatibles entre sí, puede ser difícil determinar qué sentido adoptará la AT y el juzgado. Puede ser útil buscar el contexto en el que desarrolla la norma y su finalidad (contexto económico, etc.), pero es posible que la Administración adopta el sentido puramente técnico del término en cuestión.

D. La analogía en el orden tributario

Se prohíbe la analogía para extender más allá de sus términos estrictos el ámbito del *hecho imponible* y de los *beneficios* o *incentivos fiscales* (la exención total o la parcial, que puede ser una reducción, deducción o bonificación) (art. 14 LGT). No se prohíbe la aplicación de la analogía para otros ámbitos y finalidades en el derecho tributario, como, por ejemplo, en materia de procedimiento o de sujetos.

No es la misma la integración por analogía y la interpretación extensiva de una norma. En la analogía, se aplica una norma a un supuesto similar al que la noma debe aplicar.

CAPÍTULO 2. NORMAS TRIBUTARIAS COMUNES

Podemos estudiar la aplicación de las normas tributarias comunes según tres ejes: (i) las *actuaciones* que se han de hacer; (ii) los *sujetos* que las llevan a cabo; y (iii) los *procedimientos*, o cauces de desarrollo, de las actuaciones.

I. ACTUACIONES

Las actuaciones, por su parte, tienen tres ejes: (i) la fijación de los hechos; (ii) la determinación de los derechos; y (iii) el cumplimiento de los derechos.

A. Fijación de los hechos

1. *Declaración*

La manera más directa para la fijación de los hechos es la declaración por el propio contribuyente.

2. *Información: consultas tributarias*

El obligado tributario podrá informarse de sus obligaciones tributarias mediante las siguientes consultas tributarias:

a. *Información y asistencia*

La Administración deberá prestar a los obligados tributarios la necesaria *información y asistencia* acerca de sus derechos y obligaciones, mediante publicación de normas actualizados, comunicaciones y actuaciones de información, contestaciones a consultas escritas, actuaciones previas de valoración y asistencia a los obligados en la realización de declaraciones, autoliquidaciones y comunicaciones tributarias (art. 85.1 LGT).

b. *Publicaciones*

Durante el primer trimestre del año, el Ministerio de Hacienda difundirá los textos actualizados de las normas estatales con rango de ley y real decreto en materia tributaria en los que se hayan producido variaciones respecto de los textos vigentes en el año precedente, así como una relación de todas las disposiciones tributarias que se hayan aprobado en dicho año (art. 86.1 LGT).

c. *Comunicaciones e información*

La AT *informará* a los contribuyentes de los criterios administrativos existentes para la aplicación de la normativa tributaria, *facilitará la consulta* a las bases informatizadas donde se contienen dichos criterios y *podrá remitir comunicaciones* destinadas a informar sobre la tributación de determinados sectores, actividades o fuentes de renta (art. 87.1 LGT).

d. *Consultas tributarias escritas*

Los obligados podrán formular a la AT consultas respecto al régimen, la clasificación o la calificación tributaria. Las consultas tributarias se formularán *mediante escrito antes de la finalización* del plazo establecido para el ejercicio de los derechos, la presentación de declaraciones o autoliquidaciones o el cumplimiento de otras obligaciones tributarias (art. 88.1, 2 LGT). La AT competente deberá contestar por escrito las consultas en el plazo de *seis meses* (art. 88.6 LGT). La contestación a las consultas tributarias escritas tendrá efectos vinculantes para la AT. En tanto no se modifique la legislación o la jurisprudencia aplicable al caso, se aplicarán al consultante los criterios expresados en la contestación (siempre y cuando la consulta se hubiese formulado en el plazo establecido y no se hubieran alterado las circunstancias, antecedentes y demás datos recogidos en el escrito de consulta) (art. 89.1 LGT).

3. *Colaboración social*

a. *Concepto*

Los interesados podrán *colaborar* en los siguientes aspectos de la aplicación de los tributos: *campañas* de información; *simplificación* del cumplimiento de las obligaciones tributarias; y *asistencia* en la realización de autoliquidaciones y declaraciones, entre otros. La colaboración podrá instrumentarse a través de *acuerdos de la AT* con otras AAPP, con entidades privadas o con organizaciones representativas de sectores o intereses sociales, laborales, empresariales o profesionales (art. 92 LGT).

La denuncia pública, por la que se puede poner en conocimiento de la AT hechos o situaciones que puedan ser constitutivos de infracciones tributarias, es independiente del deber de colaborar (art. 114.1 LGT).

b. *Deber general*

Como ya hemos visto, el deber de informar exige que los obligados tributarios proporcionen a la AT toda clase de *datos, informes, antecedentes* y *justificantes* relacionados con el cumplimiento de sus obligaciones tributarias o deducidos de sus relaciones económicas, profesionales o financieras con otras personas. El ámbito subjetivo del deber es *toda persona*, física y jurídica, pública y privada, así como las entidades sin personalidad jurídica. Respecto al ámbito objetivo, el deber se aplica a todo dato con *trascendencia tributaria* (art. 93.1 LGT), que puede colisionar con el derecho a la intimidad y a la libertad de la empresa.

El principio de proporcionalidad prohíbe la AP de pedir al obligado tributario información cuando no es imprescindible o cuando se puede obtener en una manera menos gravosa.

Es preciso distinguir entre el procedimiento de suministro y de captación. Hay que hacer un *suministro* de información sistemáticamente en algunos casos. Por ejemplo, los bancos han de informar a la Administración cuando un cliente abre una nueva cuenta corriente. Pero para conseguir información sobre el movimiento de fondos en la cuenta corriente, la Administración antes ha de pedirla al ciudadano mediante *captación*. Podríamos decir que la captación es el «suministro obligatorio» de información a la Administración. Esta diferencia entre el suministro y la captación fue clave; el primero tiene que hacerse sistemáticamente y la AP puede promover procedimientos para obtener una información determinada, mientras que el segundo

c. Deber de autoridades

Para fijar los hechos, la AP, además de pedir información a los obligados tributarios, podrá conseguir información de titulares de los órganos del Estado, CCAA y entidades locales; de los organismos autónomos y las entidades públicas empresariales; de las cámaras y corporaciones, de colegios y asociaciones profesionales; de las mutualidades de previsión social; y de las demás entidades públicas. Todas estas autoridades están obligados a *suministrar* a la AT cuantos *datos*, *informes* y *antecedentes* mediante disposiciones de carácter general o a través de requerimientos concretos, y a prestarle, a ella y a sus agentes, *apoyo*, *concurso*, *auxilio* y *protección* para el ejercicio de sus funciones (art. 94.1 LGT).

d. Carácter reservado de la información (sigilo)

Los datos, informes o antecedentes obtenidos por la AT en el desempeño de sus funciones tienen carácter confidencial y sólo podrán ser utilizados para la efectiva aplicación de los tributos o recursos cuya gestión tenga encomendada y para la imposición de sanciones. Dicha información sólo puede por tanto cederse o comunicarse a terceros en los casos previstos en la ley (ej.: la cesión que tenga por objeto la colaboración con otras AAPP para el cumplimiento de obligaciones fiscales) (art. 95.1 LGT).

4. Verificación y comprobación

La AP puede verificar o comprobar los datos aprovisionados por el obligado. Tanto la verificación como la comprobación se hacen en el edificio de la AT a partir de lo que ya ha declarado el contribuyente.

5. Investigación

La investigación implica una inspección que va más allá de la comprobación y de la verificación. La AT «sale del edificio» para fijar hechos.

6. Valoración

Para determinar el importe de la deuda tributaria, la LGT prevé algunos supuestos de colaboración entre las partes. El obligado tributario podrá, por ejempolo, solicitar a la AT competente sobre el *valor* a efectos fiscales de los *bienes inmuebles* que vayan a ser objeto de adquisición o transmisión. La AT ha de informar al interesado sobre el valor y esta información tendrá efectos *vinculantes durante tres meses*, contados desde la notificación al interesado, siempre que la solicitud se haya formulado con carácter previo a la finalización del plazo para presentar la correspondiente autoliquidación o declaración, sin perjuicio de la posterior *comprobación administrativa* de los elementos de hecho y circunstancias manifestados por el obligado tributario (art. 90.1-.2 LGT). La falta de contestación no implicará la aceptación del valor que, en su caso, se hubiera incluido en la solicitud del interesado (art. 90.3 LGT).

Además, se puede pactar *acuerdos previos de valoración*, como técnica de prevención de conflicto. Mediante este cauce, los obligados tributarios podrán solicitar a la AT que determine con carácter previo y vinculante la *valoración a efectos fiscales* de rentas, productos, bienes, gastos y demás elementos determinantes de la deuda tributaria (art. 91.1 LGT)[11]. Por ejemplo, para los *precios de transferencia* en una operación entre dos empresas, antes de fijar un precio, se puede plantear ante la AT un programa con unos criterios para preguntarle a la AT si le parece fiable. Asimismo, para las retribuciones en especie, se puede plantear ante la AT un modo de determinar el valor de dichas retribuciones (p. ej., valor de adquisición vs. el valor amortizado, etc.).

B. Determinación de los derechos

Una vez que se sabe lo que ha pasado, es preciso determinar los derechos aplicables mediante, en primer lugar, la *calificación de los hechos* en el derecho, localizando la norma aplicable, y, en segundo lugar, la *liquidación de las prestaciones*. Esta ultima es una operación matemática que se realiza mediante «autoliquidación» por el contribuyente o mediante «liquidación» cuando se realiza por la Administración.

C. Cumplimiento de los derechos

La determinación de los derechos no despliegue efectos en sí mismo. Para desplegar efectos, es preciso darles cumplimiento a los derechos. Esto implica procedimientos de inspección, recaudación, devolución de ingresos indebidos (que el propio contribuyente ha de pedir) y, en su caso, sanción y revisión.

Además, el cumplimiento de los derechos podrá en su caso implicar la imposición de sanciones y la resolución de los litigios, que veremos más adelante (*véase infra.*).

II. SUJETOS

A. Visión global

En la aplicación del derecho tributario, destacamos los siguientes sujetos:

- *Sujetos pasivos*. Son sujetos pasivos el contribuyente y el sustituto.
- *Otros obligados*. Son otros obligados tributarios los obligados a realizar pagos a cuenta; los obligados tributarios en las relaciones entre particulares; los sucesores en la deuda tributaria; los beneficiarios de exenciones, devoluciones o bonificaciones; los obligados a realizar prestaciones formales; y los responsables solidarios o subsidiarios.

---

[11] En el caso del silencio administrativo, en el derecho tributario, la regla general es que el silencio es negativo y por tanto, el silencio de la AP da lugar a la desestimación de la solicitud. Pero en el derecho tributario, los supuestos de silencio positivo son tan raros que podemos decir que son la excepción a la regla general del silencio positivo en el derecho administrativo.

- *Departamento de Gestión*. Es un departamento en la Agencia Estatal de la AT que puede verificar, comprobar y liquidar la obligación tributaria (no puede, en cambio, entrar en contabilidad).
- *Departamento de Inspección*. Hay inspectores de Hacienda (que pueden estar trabajando tanto en la inspección como en la gestión o recaudación de impuestos) e inspectores técnicos. Asimismo, el Departamento de Inspección puede investigar y liquidar las prestaciones tributarias.
- *Departamento de Recaudación*. Es el departamento que se encarga de la recaudación de la obligación principal (la deuda) y de la recaudación y liquidación de las obligaciones accesorias (los intereses de demora y recargos).
- *Órganos de Sanción*. En los casos en los que es aplicable la sanción, son órganos de sanción inspectores que pueden sancionar (que son distintos de los órganos de inspección).
- *Órganos de Revisión*. Son órganos de revisión los Tribunales económico-administrativos y el Ministro sobre la Revisión.

B. Órganos de la Administración financiera

Examinamos dos órganos de la Administración financiera: (i) el Ministerio de Hacienda; y (ii) la Agencia Estatal de Administración Tributaria. Ente el personal que podría constituir los mismos, podemos destacar los *inspectores de Hacienda* (la mayoría de los cuales son economistas o abogados), de *seguros*, de *hacienda* y *de vigilancia aduanera*; los *agentes de la Hacienda publica*; y los *cuerpos de colaboración*.

1. El Ministerio de Hacienda

Dentro de la Secretaría de Estado de Hacienda, podemos destacar: (i) la *Dirección General de Tributos*, que responde a las dudas que plantean los obligados tributarios; (ii) la *Dirección General del Catastro*, un órgano que evalúe los inmuebles con un valor administrativo; (iii) el *Consejo de Defensa del Contribuyente*, un tipo de «Defensor del pueblo» en el orden tributario; y (iv) el *Instituto de Estudios Fiscales*, que lleva a cabo análisis e investigación.

Dentro del Ministerio de Hacienda, la Intervención General de la Administración del Estado es un órgano que, como «consciencia financiera» del Estado a efectos de gastos, está velando para la eficacia y la legalidad de los gastos públicos.

2. La Agencia Estatal de Administración tributaria

Dentro de la Agencia Estatal de Administración tributaria, destacamos los siguientes departamentos: (i) el *Departamento de Gestión*, en el que hay la UVC (Unidad de Vigilancia y Control), la Oficina de Grandes Contribuyentes (que previamente se llamaba «Oficina Nacional de Gestión Tributaria») y las dependencias regionales y provinciales; (ii) el *Departamento de Inspección*, con sus órganos que elaboran los planes de inspección; y (iii) el *Departamento de Recaudación*, que lleva a cabo las recaudaciones ejecutivas (que se contrasta con la recaudación voluntaria) mediante aviso y, eventualmente, el embargo de bienes y salario, cuando el contribuyente no pague su deuda tributaria.

Además, existe un *Departamento de Aduanas e Impuestos Especiales*, un departamento especializado en la aduana y en impuestos especiales (alcohol, tabaco, hidrocarburos, etc.) que lleva a cabo toda la gestión, inspección y recaudación relativa a los mismos.

C. Relaciones entre las partes en los procedimientos tributarios

Al largo de la iniciación, tramitación y terminación de los procedimientos tributarios, la Administración tiene unas facultades y el contribuyente tiene una serie de derechos. Lo que hace el procedimiento básicamente es poner límites a las facultades de la Administración.

1. Derechos y garantías de los obligados tributarios (art. 34 LGT)

- **Intimidad**. Las personas físicas o jurídicas y las entidades sin personalidad jurídica estarán obligadas a *proporcionar* a la AT la información a que se refiere el art. 93 LGT, pero, como este deber puede colisionar con el derecho a la intimidad protegida por CE, el art. 93 LGT limite la información que la AT podrá conseguir a la que tenga «trascendencia tributaria».
- **Domicilio**. Cuando, en los procedimientos de aplicación de los tributos, sea necesario entrar en el domicilio constitucionalmente protegido de un obligado tributario o efectuar registros en el mismo, la AT deberá obtener el *consentimiento* del obligado o la *autorización* judicial (art. 113 LGT).
- **Asistencia**. La Administración deberá prestar a los obligados tributarios la *necesaria asistencia* acerca de sus derechos y obligaciones (art. 85 LGT).
- **Secreto**. Los datos, informes o antecedentes obtenidos por la AT en el desempeño de sus funciones tienen *carácter reservado* y sólo podrán ser utilizados para la efectiva aplicación de los tributos o recursos cuya gestión tenga encomendada y para la imposición de las sanciones que procedan (art. 95.1 LGT).
- **Tutela judicial**. El ejercicio de la potestad reglamentaria y los actos de aplicación de los tributos y de imposición de sanciones tienen *carácter reglado* y son revisables en vía administrativa y jurisdiccional (art. 6 LGT).
- **Prueba**. En los procedimientos de aplicación de los tributos, la Administración, cuando haga valer su derecho, deberá probar los hechos constitutivos del mismo (art. 105 LGT).
- **Queja**. El Consejo para la Defensa del Contribuyente velará por la efectividad de los derechos de los obligados tributarios y atenderá las quejas que se produzcan por la aplicación del sistema tributario que realizan los órganos del Estado (art. 34.2 LGT).
- **Acceso**. Los datos y elementos de hecho consignados en las autoliquidaciones, declaraciones, comunicaciones y demás documentos presentados por los obligados tributarios se presumen ciertos para ellos y sólo podrán rectificarse por los mismos mediante prueba en contrario (art. 108.4 LGT).
- **Consultar**. Los obligados podrán formular a la AT consultas respecto al régimen, la clasificación o la calificación tributaria que en cada caso les corresponda (art. 88.1 LGT).

2. Deberes de los contribuyentes

Los contribuyentes tienen una serie de deberes, de los cuales algunos son formales, que resumidos en seguida:

- *Obligaciones tributarias formales*. Como ya hemos visto, son obligaciones formales las que, sin tener carácter pecuniario, son impuestas por las normas a los obligados tributarios, deudores o no del tributo, y cuyo cumplimiento está relacionado con el desarrollo de actuaciones o procedimientos tributarios o aduaneros. Son obligaciones formales, entre otras, las de presentar declaraciones, autoliquidar, comunicar, conservar libros de contabilidad y facturar (art. 29.1, 2 LGT).
- *Declarar*. Se considerará declaración tributaria todo documento presentado ante la AT en el que se reconozca o manifieste la realización de cualquier hecho relevante para la aplicación de los tributos (art. 119.1 LGT).
- *Documentar*. Las actuaciones de la AT en los procedimientos de aplicación de los tributos se documentarán en *comunicaciones, diligencias, informes* y *otros documentos* previstos en la normativa específica de cada procedimiento (art. 99.7 LGT).
- *Autoliquidar*. Las autoliquidaciones son declaraciones en las que los obligados tributarios: (i) comunican a la AT *los hechos* necesarios para la liquidación del tributo y otros de contenido informativo; y (ii) realizan por sí mismos las operaciones de *calificación y cuantificación* necesarias para determinar e ingresar el importe de la deuda tributaria o la cantidad que resulte a devolver o a compensar (art. 120.1 LGT).
- *No obstruir*. Los obligados tributarios deberán atender a la inspección y le prestarán la debida colaboración en el desarrollo de sus funciones (art. 142.3 LGT).
- *Informar*. Las personas físicas o jurídicas y las entidades sin personalidad jurídica estarán obligadas a proporcionar a la AT toda clase de datos, informes y justificantes relacionados con el cumplimiento de sus propias obligaciones tributarias o deducidos de sus relaciones económicas, profesionales o financieras con otras personas (art. 93 LGT).
- *Colaborar*. Los obligados tributarios deberán atender a la inspección y le prestarán la debida colaboración en el desarrollo de sus funciones (art. 142.3 LGT).
- *Comparecer*. La inspección podrá requerir la comparecencia personal del obligado tributario cuando la naturaleza de las actuaciones a realizar así lo exija (art. 142.3 LGT).
- *Retener*. El retenedor tiene la obligación tributaria de retener y de realizar pagos a cuenta de la obligación tributaria principal (art. 23 LGT).
- *Repercutir*. Es obligado a repercutir la persona o entidad que, conforme a la ley, debe repercutir la cuota tributaria a otras personas o entidades y que, salvo que la ley disponga otra cosa, coincidirá con aquel que realiza las operaciones gravadas (art. 38.1 LGT).

3. *Facultades de los funcionarios*

- *Autotutela (*«*prerrogativas exorbitantes*»*)*. La AT no estará obligada a ajustar las liquidaciones a los datos consignados por los obligados tributarios en las autoliquidaciones, declaraciones, comunicaciones, solicitudes o cualquier otro documento (art. 101.1 LGT).
- *Planificar*. La AT anualmente elaborará un plan de control tributario que tendrá carácter *reservado*, aunque puedan hacerse públicos los criterios generales que lo informen (art. 116 LGT).

- *Examen documentación*. Los inspectores podrán realizar sus actuaciones mediante el examen de documentos, libros, contabilidad, ficheros, facturas, justificantes, correspondencia con transcendencia tributaria, bases de datos informatizadas, programas, registros y archivos informáticos, así como mediante la inspección de bienes, elementos, explotaciones y cualquier otro antecedente o información que deba de facilitarse a la AP o que sea necesario para la exigencia de las obligaciones tributarias (art. 142.1 LGT).
- *Entrada fincas*. Cuando las *actuaciones inspectoras lo requieran*, los funcionarios que desarrollen funciones de inspección de los tributos podrán entrar, en las condiciones que reglamentariamente se determinen, en las fincas, locales y demás establecimientos o lugares en que se desarrollen actividades o explotaciones sometidas a gravamen, existan bienes sujetos a tributación, se produzcan hechos imponibles o supuestos de hecho de las obligaciones tributarias o exista alguna prueba de los mismos (art. 142.2 LGT).
- *Dirección*. El plazo máximo en que debe notificarse la resolución será el fijado por la normativa reguladora del correspondiente procedimiento, sin que pueda exceder de seis meses, salvo que esté establecido por una norma con rango de ley o venga previsto en la normativa comunitaria europea (art. 104.1 LGT).
- *Autoridad*. Las autoridades públicas prestarán la protección y el auxilio a los funcionarios para el ejercicio de la inspección (art. 142.4 LGT).
- *Medidas cautelares*. En el procedimiento de inspección se podrán adoptar medidas cautelares para *impedir que desaparezcan, se destruyan* o *alteren las pruebas* determinantes de la existencia o cumplimiento de obligaciones tributarias o que se niegue posteriormente su existencia o exhibición (art. 146.1 LGT).
- *Personación*. La inspección podrá *personarse sin previa comunicación* (por sorpresa) en las empresas, oficinas, dependencias, instalaciones o almacenes del obligado tributario (art. 151.2 LGT). Es una manera de preservar pruebas y tomar medidas cautelares.

4. Deberes de los funcionarios

- *Respeto*. Los funcionarios tienen el deber de tratar los obligados tributarios con respeto y consideración (art. 34.j LGT).
- *Publicidad*. El Ministerio de Hacienda difundirá por cualquier medio los textos actualizados de las normas estatales con rango de ley y real decreto en materia tributaria en los que se hayan producido variaciones respecto de los textos vigentes en el año precedente, así como una relación de todas las disposiciones tributarias que se hayan aprobado en dicho año (art. 86.1 LGT).
- *Informar*. La AT informará a los contribuyentes de los criterios administrativos existentes para la aplicación de la normativa tributaria, facilitará la consulta a las bases informatizadas donde se contienen dichos criterios y podrá remitir comunicaciones destinadas a informar sobre la tributación de determinados sectores, actividades o fuentes de renta (art. 87.1 LGT).

- *Sigilo*. La AT adoptará las medidas necesarias para garantizar la *confidencialidad* de la información tributaria y su uso adecuado (art. 95.3 LGT).
- *Documentar*. Las actuaciones de la AT en los procedimientos de aplicación de los tributos se documentarán en comunicaciones, diligencias, informes y otros documentos previstos en la normativa específica de cada procedimiento (art. 99.7 LGT).
- *Resolver*. La AT está obligada a resolver expresamente todas las cuestiones que se planteen en los procedimientos de aplicación de los tributos (art. 103.1-.2 LGT).
- *Motivar*. Los actos de liquidación, los de comprobación de valor y los que impongan una obligación o denieguen un beneficio fiscal o la suspensión de la ejecución de actos de aplicación de los tributos serán motivados con referencia sucinta a los hechos y fundamentos de derecho (art. 103.3 LGT).
- *Notificar*. La AT está obligada a notificar las resoluciones de todas las cuestiones que se planteen en los procedimientos de aplicación de los tributos (art. 103.1 LGT). El régimen de notificaciones será el previsto en las normas administrativas (art. 109-112 LGT).

III.   PROCEDIMIENTOS

A. Procedimientos tributarios y procedimiento administrativo común

Los sujetos que acabamos de destacar llevan a cabo sus funciones mediante procedimientos tributarios de *gestión*, de *inspección* y de *recaudación*. Dichos procedimientos vienen regulados por: (i) las *normas establecidas* en el Título III LGT y las normas reglamentarias de desarrollo (el RGAPGIT con respecto a la *gestión* y a la *inspección* y el RGR con respecto a la *recaudación*); y (ii) las *normas procedimentales* recogidas en otras leyes tributarias y las normas reglamentarias de desarrollo. Supletoriamente, se regularán por las *disposiciones generales* sobre los procedimientos administrativos (art. 97 LGT). Un ejemplo de una disposición general[12] sobre los procedimientos administrativos será la LAP.

B. Las fases de los procedimientos: iniciación, tramitación y terminación

Los procedimientos de gestión (que incluye la liquidación, la verificación y la comprobación) han de tener una iniciación, una tramitación y una terminación.

1. Iniciación

Las actuaciones y procedimientos tributarios podrán iniciarse *de oficio* o *a instancia de parte*[13], mediante declaración (art. 119 LGT), autoliquidación (art. 120 LGT), comunicación (art. 121 LGT), solicitud o cualquier otro medio previsto en la normativa tributaria (art. 98.1 LGT).

Respecto a la autoliquidación, no es necesario presentarla en algunos casos cuando el contribuyente no tiene deuda (ej.: para el IRPF, el contribuyente está

---

[12] Aunque generalmente, «disposición general» hace referencia a un reglamento, no siempre es el caso. En este contexto, se refiere a las normas jurídicas en general.

[13] Solo se inicia a instancia de parte para la devolución de ingresos indebidos o la rectificación.

jubilado). En otros caso, se puede estar obligado a informar la AT pero no a pagar (ej.: el caso del contribuyente que ha de presentar una autoliquidación a fin de realizar una devolución). Para llevar a cabo las declaraciones y autoliquidaciones, el contribuyente podrá utilizar tecnologías informáticas y telemáticas (art. 96 LGT).

2. *Tramitación*

a. *Visión general*

En la tramitación de las actuaciones y procedimientos tributarios, la Administración facilitará a los obligados tributarios el ejercicio de sus derechos y el cumplimiento de sus obligaciones (art. 99.1 LGT). Las actuaciones de la AT en los procedimientos de aplicación de los tributos se documentarán mediante:

- *Comunicaciones*. Son los documentos a través de los cuales la AP notifica al obligado tributario el inicio del procedimiento u otros hechos o circunstancias relativos al mismo o efectúa los requerimientos necesarios (art. 99.7.II LAP);
- *Diligencias*. Son los documentos públicos que se extienden para hacer constar hechos, así como las manifestaciones del obligado tributario o persona con la que se entiendan las actuaciones (art. 99.7.III LAP);
- *Informes*. Los órganos de la AT emitirán (de oficio o a petición de terceros) los informes que sean preceptivos conforme al ordenamiento jurídico, los que soliciten otros órganos y servicios de las AAPP o los poderes legislativo y judicial y los que resulten necesarios para la aplicación de los tributos (art. 99.7.IV LAP); y
- *Otros documentos*. Han de ser previstos en la normativa específica de cada procedimiento (art. 99.7 LGT).

b. *Representación*

Tanto para iniciar como para tramitar un procedimiento tributario, la LGT prevé la posibilidad de representación legal, voluntaria y obligatoria (arts. 44-47 LGT). La *representación legal* se impone por una ley o una sentencia en la que un juez designa un representante por una determinada persona. Por ejemplo, se aplicará a un menor de edad que puede ser contribuyente pero que no tiene obligaciones formales porque carece de capacidad para obrar (es incapaz).

Respecto a la *representación voluntaria*, los obligados tributarios con capacidad de obrar podrán actuar por medio de representante, que podrá ser un asesor fiscal, con el que se entenderán las sucesivas actuaciones administrativas (salvo que se haga manifestación expresa en contrario) (art. 46.1 LGT).

La *representación obligatoria* solo se aplica en el IRNR a los no residentes, exigiendo que actúen mediante un representante. Es posible que tenga problemas con la CE, ya que se está imponiendo al no residente en España un coste específico que no se aplica al residente español, el cual no ha de actuar mediante representante, ni siquiera por para presentar reclamaciones económicas administrativas.

3. *Terminación*

Los procedimientos tributarios normalmente terminan por el cumplimiento de la obligación-objeto de requerimiento, pero también ponen fin a los procedimientos tributarios la *resolución*, el *desistimiento*, la *renuncia* al derecho-objeto de la solicitud, la *imposibilidad* de continuarlos, la *caducidad* o *cualquier otra causa* prevista en el ordenamiento tributario (art. 100.1 LGT).

C. El tiempo en los procedimientos: plazos de resolución y caducidad

1. Alegaciones

No hay alegaciones en todos los procedimientos tributarios, pero cuando hay, el trámite de alegaciones ha de tener una duración de *diez a quince días*. Se podrá prescindir del trámite de audiencia previo a la propuesta de resolución cuando se suscriban actas con acuerdo o cuando en las normas reguladoras del procedimiento esté previsto un trámite de alegaciones posterior a dicha propuesta (art. 99.8 LGT).

2. Plazo de resolución

El plazo máximo en que debe la AT notificar la resolución de las cuestiones que se planteen en los procedimientos tributarios será el fijado por la normativa reguladora del correspondiente procedimiento, *sin que pueda exceder de seis meses*, salvo que esté establecido por una norma con rango de ley o venga previsto en la normativa comunitaria europea (art. 104.1 LGT). En el caso de la inspección, será de *un año*, ampliable a un *segundo año*. El procedimiento de recaudación, en cambio, *no tiene un plazo prefijado*.

Dichos plazos no son de fecha a fecha. Podrán, en cambio, variar si hay interrupciones justificadas o dilaciones imputables al contribuyente. Dichas interrupciones y dilaciones no computan en el plazo.

3. Efectos de los plazos

La superación de dichos plazos podrá dar lugar a la caducidad, que, en el derecho tributario, tiene los siguientes aspectos:

- *La caducidad de la acción y del procedimiento*. La caducidad de la acción es semejante a la *prescripción* (o extinción) del derecho. Cuando caduca la acción, ya no es posible ejercer el derecho. La caducidad del procedimiento, en cambio, no implica la extinción del derecho subyacente; si el procedimiento prescribe pero el derecho no, puede haber otro procedimiento con el mismo objeto.
- *A instancia de parte o de oficio*. La caducidad funciona de manera distinta en una acción a instancia de parte y en una acción iniciada de oficio. En los procedimientos iniciados *a instancia de parte*, el vencimiento del plazo sin haberse notificado resolución expresa producirá los efectos que establezca su *normativa reguladora* (art. 104.3 LGT). En los procedimientos iniciados *de oficio*, el vencimiento del plazo máximo establecido producirá los efectos previstos en la normativa reguladora de *cada procedimiento de aplicación de los tributos* (art. 104.4 LGT).

D. La prueba de los hechos

Respecto a la *carga de la prueba* en los procedimientos de aplicación tributaria, quien haga valer su derecho deberá probar los hechos constitutivos del mismo. Los obligados tributarios cumplirán su deber de probar si designan de modo concreto los elementos de prueba en poder de la AT (art. 105 LGT). En los procedimientos tributarios, serán de aplicación las normas que sobre medios y valoración de prueba se contienen en el CC y en la LEC, salvo que la ley establezca otra cosa (art. 106.1 LGT). Como la prueba en el derecho tributario no tiene natura definitiva, el contribuyente siempre podrá contradecirla, alegando, por ejemplo, que una factura es falsa.

Respecto a los medios de prueba, cabe destacar:

- Las *declaraciones* propias y de terceros. Las declaraciones de terceros no tienen porque ser más fiables que las de las declaraciones propias;
- Las *diligencias y actas de la inspección*. Las diligencias tienen valor de documento público y los documentos públicos tienen presunción de veracidad. Se puede impugnar las actas de la inspección, pero no los hechos que has acordado;
- Las *facturas y contabilidad*. Tienen una especial trascendencia probatoria en el derecho tributario. Hay todo un reglamente que rige la facturación, que es una prueba especialmente eficaz, pero que no es absoluta;
- Los *datos* incluidos en declaraciones o contestaciones a *requerimientos* en cumplimiento de la obligación de suministro de información recogida en los arts. 93 y 94 LGT y las presunciones que procedan (art. 108.4 LGT). Como ejemplo de dichas presunciones, se presume que el último domicilio declarado es el actual y, por tanto, si la AP notificada al contribuyente a dicha dirección, se considera adecuada la notificación.

Para la práctica de la prueba en los procedimientos tributarios, no será necesaria la apertura de un período específico ni la comunicación previa de las actuaciones a los interesados; en *cualquier momento* se puede presentar pruebas (art. 99.6 LGT).

E. La notificación

El régimen de notificaciones es el previsto en las normas administrativas generales (la LAP), con las especialidades establecidas en los arts. 109 a 112 LGT.

La notificación adecuada de los actos administrativos, elemento imprescindible de los mismos, se puede enviar a cualquier lugar adecuado para que el notificado la reciba. Por lo general, tiene lugar la notificación en el *domicilio fiscal*, que será: (i) la *residencia habitual* para las personas físicas; (ii) el *centro de negocios* para las personas físicas que desarrollan actividades económicas; y (iii) el *domicilio social* para las personas jurídicas, siempre que en él esté efectivamente centralizada su gestión administrativa y la dirección de sus negocios (art. 48.2 LGT).

Cuando la notificación se practique en el domicilio del interesado, de no hallarse presente éste en el momento de entregarse la notificación, es legitimada para recibir la notificación «*cualquier persona* que se encuentre en el domicilio y haga constar su identidad» (art. 59.2 LAP). Hay una cuestión interpretativa de esta provisión en la jurisprudencia. Hay sentencias que interpretan que «cualquier persona» se limite a solo las personas con capacidad para obrar (y por tanto, que sean mayores de edad) y otras sentencias que la interpretan como referencia a cualquier persona con capacidad jurídica (que no excluye los menores de edad). En todo caso, podrán hacer cargo de la notificación el conserje y cualquier persona que esté en la casa que sea mayor de edad. La persona ha de identificarse con el DNI y firmar. Si ninguna persona no está presente para aceptar la notificación, se hará constar esta circunstancia en el expediente y se volverá a notificar el sujeto con un segundo intento (art. 59.2 LAP).

CAPÍTULO 3. GESTIÓN

I. CONCEPTO DE GESTIÓN TRIBUTARIA

Es preciso en primer lugar distinguir la gestión de la inspección. Los procedimientos de gestión son los que se realizan «dentro del edificio» o «dentro del ordenador» de la AT. Básicamente, se trata de la liquidación de los tributos, pero hoy en día, también incluye la verificación y la comprobación de datos. La inspección, en cambio, es una operación aparte en la que la AT sale «fuera del edificio» para fijar hechos y buscar deudas tributarias. Pero también en los procedimientos de inspección, se pueden liquidar deudas. Por lo cual, hay un cruce de funciones.

La gestión tributaria consiste en el ejercicio de las siguientes funciones administrativas: (i) la *recepción* y *tramitación* de declaraciones, autoliquidaciones, comunicaciones de datos y demás documentos con trascendencia tributaria; (ii) la *comprobación* de las *devoluciones*; (iii) el reconocimiento y *comprobación* de la procedencia de los *beneficios fiscales*; (iv) el *control* y los acuerdos de simplificación relativos a la obligación de facturar; (v) la *verificación* de datos; (vi) la *comprobación de valores*; (vii) la *comprobación limitada*; (viii) la práctica de *liquidaciones tributarias* derivadas de las actuaciones de verificación y comprobación realizadas; (ix) la *elaboración de los censos tributarios*; (x) la *información* y *asistencia tributaria*; y, entre otras funciones (xi) la realización de las demás actuaciones de aplicación de los tributos no integradas en las funciones de inspección y recaudación (art. 117.1 LGT).

II. PROCEDIMIENTOS DE LIQUIDACIÓN

A. Sentido del término «liquidación»

1. «Liquidación» en general

El término «liquidación» es objeto de mucha confusión, ya que es susceptible a varias definiciones, tanto dentro de cómo fuera del derecho tributario. Por ejemplo, en el derecho mercantil, tiene el sentido de pagar una deuda o una cuenta (ej.: «liquidar una sociedad»). Su sentido dentro del derecho tributario es distinto.

2. «Liquidación» en el derecho tributario

En el derecho tributario, el término «liquidación» se refiere estrictamente al procedimiento de cuantificar una deuda tributaria. La palabra, sin embargo, sigue siendo objeto de mucha confusión, ya que puede referirse a la actuación, al acto administrativo o al procedimiento de cuantificar deudas.

a. Una actuación

Según este sentido, la liquidación es la *actuación* de valorar y cuantificar el importe de la deuda tributaria (o, en su caso, la cantidad a devolver o a compensar). Puede realizar esta cuantificación: (i) el propio contribuyente (el supuesto típico, que se llama «autoliquidación» y representa la mayor parte de procedimientos de liquidación); o (ii) la AT, mediante la intervención de: (a) el órgano de gestión (ej.:

en el procedimiento de aduanas); (b) el órgano de inspección (que no se limita a inspeccionar, sino también a liquidar); o (c) el órgano de recaudación, que puede liquidar el valor de las obligaciones accesorias (intereses de demora y recargos).

b. Un acto administrativo

Según este sentido, la liquidación es el *acto resolutorio administrativo* mediante el cual el órgano competente de la AT realiza las operaciones de cuantificación necesarias para valorar y determinar el importe de la deuda tributaria o de la cantidad que, en su caso, resulte a devolver o a compensar (art. 101.1 LGT). Éste es el sentido de la «liquidación tributaria» que recoge la LGT en su art. 101.1 LGT, que solo se puede llevar a cabo por la AP, ya que una actuación de un ciudadano nunca puede calificarse como acto administrativo. Según esta definición, la autoliquidación del contribuyente es meramente una actuación de colaboración con la AT.

c. Un procedimiento

También puede la palabra hacer referencia al procedimiento que se compone de la presentación por el contribuyente de la declaración inicial de hechos y la tramitación, cuantificación y emisión de un acto de liquidación que notifica la AT a la luz de los hechos.

B. Contenido y notificación (art. 102 LGT)

Las liquidaciones han de ser *notificadas* a los obligados tributarios en los términos previstos en los arts. 109 a 112 LGT (art. 102.1 LGT). Se notificarán con expresión de: (i) la *identificación* del obligado tributario; (ii) los elementos de *cuantificación* de la deuda tributaria: el hecho imponible, la base imponible, el tipo de gravamen, las reducciones, la cuota, las deducciones, etc.; (iii) la *motivación* de los actos (en algunos supuestos), que, según la jurisprudencia, ha de ser sucinta pero suficientemente clara y expresiva; (iv) los *medios de impugnación* que puedan ser ejercidos, órgano ante el que hayan de presentarse y plazo para su interposición; (v) el *lugar, plazo y forma* en que debe ser satisfecha la deuda tributaria; y (vi) su carácter de *provisional* o *definitiva* (art. 102.2 LGT).

C. Clases: la liquidación provisional y definitiva

Tanto la liquidación provisional como la definitiva son *firmes* y por tanto, ejecutables. Pero hay una diferencia básica entre ellas. Normalmente el procedimiento de gestión termina en una liquidación provisional que es susceptible a una inspección, que transformará la liquidación en definitiva. Asimismo, son *liquidaciones definitivas:* (i) las practicadas en el procedimiento *inspector* previa comprobación e investigación de la totalidad de los elementos de la obligación tributaria (salvo las liquidaciones provisionales articuladas en el art. 101.4 LGT); y (ii) las demás a las que la normativa tributaria otorgue tal carácter (art. 101.3 LGT). Por ejemplo, la normativa prevé que, transcurrido cuatro años, la autoliquidación se transforma en definitiva y prescribe la acción para la AT para poder iniciar un procedimiento de comprobación.

En los demás casos, las liquidaciones tributarias tendrán carácter *provisional* y por tanto, serán susceptibles de ser modificadas en un procedimiento de inspección posterior material a fondo. Podrán dictarse liquidaciones provisionales en el procedimiento de inspección cuando: (i) alguno de los elementos de la obligación tributaria se determine en función de los correspondientes a otras obligaciones que no hubieran sido comprobadas, que hubieran sido regularizadas mediante liquidación provisional o mediante liquidación definitiva que no fuera firme, o cuando existan elementos de la obligación tributaria cuya comprobación con carácter definitivo no hubiera sido posible durante el procedimiento, en nlos términos que se establezcan reglamentariamente; o cuando (ii) proceda formular distintas propuestas de liquidación en relación con una misma obligación tributaria (art. 101.4 LGT).

III. PROCEDIMIENTOS DE VERIFICACIÓN Y DE COMPROBACIÓN

Aunque los órganos de gestión históricamente solamente liquidaban, hoy en día, podrán además verificar y comprobar datos mediante toda la información de que disponen. No podrán, sin embargo, de ninguna manera investigar (inspeccionar).

Vamos a examinar tres procedimientos que podrá llevar a cabo la AT: (i) la verificación de datos; (ii) la comprobación de valores; y (iii) la comprobación limitada. Aunque estos procedimientos impliquen una revisión de datos por la AT, la liquidación sigue siendo provisional, ya que no se ha realizado una inspección.

A. Verificación de datos

La verificación de datos solo se hace a partir de los datos que ya dispone la AT. Podrá la AT iniciar el procedimiento de verificación de datos cuando: (i) la declaración o autoliquidación del obligado tributario adolezca de *defectos formales* o incurra en *errores aritméticos*; (ii) los datos declarados *no coincidan con los contenidos en otras declaraciones* presentadas por el mismo obligado o con los que obren en poder de la AT; (iii) se aprecie una *aplicación indebida* de la normativa que resulte patente de la propia declaración o autoliquidación presentada o de los justificantes aportados con la misma; y (iv) se requiera la *aclaración o justificación de algún dato* relativo a la declaración o autoliquidación presentada, siempre que no se refiera al desarrollo de actividades económicas (art. 131 LGT).

B. Comprobación de valores

Se trata de una valoración por la AT de los bienes del contribuyente que la AT podrá iniciar, salvo que el obligado tributario hubiera declarado utilizando los valores publicados por la propia Administración actuante en aplicación de alguno de los medios citados en el art. 57 LGT (art. 134.1 LGT). La AT deberá notificar a los obligados tributarios las actuaciones que precisen de su colaboración. En estos supuestos, los obligados deberán facilitar a la AT la práctica de dichas actuaciones (art. 134.2 LGT).

C. Comprobación limitada

1. *Visión general*

Mientras que la verificación se realiza mediante un simple cruce de datos que ya están en las manos de la AT, en la comprobación limitada, o «formal», la AT puede pedir mediante requerimientos al contribuyente o a otros sujetos *datos adicionales* a los que ya hayan sido declarados. En la comprobación limitada, la AT podrá comprobar los *hechos*, *actos*, *elementos*, *actividades*, *explotaciones* y *demás circunstancias* determinantes de la obligación tributaria (art. 136.1 LGT).

2. *Actuaciones*

Las actuaciones que podrá la AT llevar a cabo mediante la comprobación limitada vienen enumeradas en el art. 136.2 LGT y son, en concreto, las siguientes: (i) el examen de los *datos consignados* por los obligados tributarios en sus declaraciones y de los *justificantes presentados* o que se *requieran* al efecto; (ii) el examen de los *datos y antecedentes en poder de la AT* que pongan de manifiesto la realización del hecho imponible o del presupuesto de una obligación tributaria, o la existencia de elementos determinantes de la misma no declarados o distintos a los declarados por el obligado tributario; (iii) el examen de los *registros y demás documentos exigidos por la normativa tributaria* y de cualquier otro libro, registro o documento de carácter oficial (con excepción de la *contabilidad mercantil*, en la que no podrá entrar la AT en ningún caso en una comprobación limitada) y el examen de las facturas o documentos; y (iv) *requerimientos a terceros* para que aporten la información que se encuentren obligados a suministrar con carácter general o para que la ratifiquen mediante la presentación de los correspondientes justificantes (art. 136.2 LGT).

Las actuaciones de comprobación limitada no podrán realizarse «fuera de las oficinas de la Administración tributaria», salvo las que procedan según la *normativa aduanera* o en los supuestos *previstos reglamentariamente* al objeto de realizar comprobaciones censales o relativas a la aplicación de métodos objetivos de tributación (art. 136.4 LGT). Dichas actuaciones podrán realizarse por los órganos de gestión, pero los de inspección también las podrán llevar a cabo.

3. *Procedimiento*

Las actuaciones de comprobación limitada se iniciarán de oficio por acuerdo del órgano competente. El inicio deberá notificarse a los obligados tributarios mediante comunicación expresando la naturaleza y alcance de las mismas e informando sobre sus derechos y obligaciones (art. 137 LGT). El procedimiento de comprobación limitada terminará en alguna de las siguientes maneras: (i) por una resolución expresa de la AT; (ii) por caducidad; o (iii) por el inicio de un procedimiento inspector que incluya el objeto de la comprobación limitada (art. 139.1 LGT).

IV.   PROCEDIMIENTOS ESPECIALES

A. Devolución tributaria

Según se establezca en la normativa reguladora de cada tributo, el procedimiento de devolución se iniciará mediante la presentación de una *autoliquidación* de la que resulte cantidad a devolver, mediante la presentación de una solicitud de devolución o mediante la presentación de una comunicación de datos (art. 124 LGT).

B. Rectificación de autoliquidaciones

Se trata del caso en que un obligado tributario considere que una autoliquidación ha perjudicado de cualquier modo sus intereses legítimos. La LGT, en su art. 120.3, permite al sujeto instar la rectificación de dicha autoliquidación según los procedimientos establecidos en el reglamento aplicable, que en este caso es el RGAPGIT en sus arts. 125 a 129.

CAPÍTULO 4. RECAUDACIÓN

I. EL PAGO VOLUNTARIO DE LA DEUDA

A. A quien se ha de pagar

Dentro del marco del pago de la deuda, el Departamento de Recaudación sólo interviene en algunos casos limitados (*p. ej.*, cuando hay un procedimiento ejecutivo), ya que la mayor parte de las deudas se pagan a las *entidades que presten el servicio de caja* (las *entidades de depósito*), a las *entidades colaboradoras* (*p. ej.*, los bancos), a las *entidades colaboradoras* y a las demás *personas o entidades autorizadas* para recibir el pago (art. 33.2 RGR; *véase también* arts. 3, 6 y 9 RGR).

Es posible que el pago de la deuda se haga a un órgano con incompetencia absoluto o relativa para recibirlo o a personas no autorizadas para ello. Los pagos realizados a órganos con incompetencia absoluta no liberarán al deudor de su obligación de pago, sin perjuicio de las *responsabilidades de todo orden* en que incurra el perceptor que admita indebidamente el pago (art. 33.3 RGR). En cambio, cuando la incompetencia del órgano al que paga el deudor es meramente relativa, aunque haya jurisprudencia contradictoria, se entiende por lo general que el deudor se queda liberado de su obligación tributario.

En los arts. 11 a 22 y 26 a 31 RGR, se enumera una serie de supuestos respecto a cuándo la incompetencia es relativa (*p. ej.*, si el contribuyente paga un impuesto al órgano de un territorio que no corresponde). En dichos caso, el órgano con incompetencia relativa tiene la obligación de comunicar de oficio esta incompetencia al contribuyente o de cobrarle al contribuyente y transferir el pago al órgano competente.

B. Objeto del pago

1. Cuota

Como ya hemos visto varias veces, el objeto del tributo es el pago de la deuda tributaria (art. 19 LGT), la cual consiste en la cuota o cantidad a ingresar que resulte de la obligación tributaria principal o de las obligaciones de realizar pagos a cuenta. En su caso, consiste también en los siguientes elementos (*véase* art. 58.1-.2 LGT):

2. Intereses

Los intereses de demora son prestaciones accesorias que se exigen a los obligados tributarios y a los sujetos infractores como consecuencia de: (i) la realización de un pago *fuera de plazo*; (ii) la *presentación de una autoliquidación o declaración* de la que resulte una cantidad a ingresar una vez finalizado el plazo establecido al efecto en la normativa tributaria; (iii) el *cobro de una devolución improcedente*; o (iv) en el *resto de casos previstos* en la normativa tributaria (art. 26 LGT).

3. Recargos

Hay tres tipos de recargos: (i) el extemporáneo; (ii) el ejecutivo; y (iii) el de apremio.

a. Recargo extemporáneo

En los supuestos de «arrepentimiento espontáneo», la autoliquidación complementaria conlleva el deber de pagar un recargo extemporáneo de: (a) 5 %, 10 % o 15 %, si la presentación de la autoliquidación o declaración se efectúa dentro de los *tres, seis o doce meses*, respectivamente, siguientes al término del plazo establecido para la presentación e ingreso; o (b) el 20 %, si la presentación de la autoliquidación o declaración se efectúa después de *doce meses* transcurridos desde el término del plazo establecido para la presentación, más *intereses de demora* por el período transcurrido *desde el día siguiente al término de los doce meses* posteriores a la finalización del plazo establecido para la presentación (art. 27.2 LGT).

b. Recargo ejecutivo

Los recargos del período ejecutivo se devengan con el inicio de dicho período, el cual empieza cuando finaliza el periodo voluntario (art. 28.1 LGT). El recargo ejecutivo será del 5 % (art. 28.2 LGT).

c. Recargo de apremio

El recargo de apremio se aplica una vez que el obligado tributario recibe una providencia de apremio (a partir de ese momento, ya no se paga el recargo ejecutivo). Hay dos tipos: el recargo de apremio reducido y el recargo de apremio ordinario. El reducido será del 10 % y se aplicará cuando se satisfaga la totalidad de la deuda no ingresada en período voluntario y el propio recargo *antes de la finalización del plazo previsto en el art. 62.5 LGT* (si la notificación de la providencia se realiza entre el 1 y el 15 del, desde la fecha de recepción de la notificación hasta el día 20 de dicho mes; si la notificación de la providencia se realiza entre los días 16 y el último del mes, desde la fecha de recepción de la notificación hasta el día 5 del mes siguiente). Si se paga fuera de dicho plazo, un recargo de apremio ordinario del 20 % se aplicará (art. 28.3-.4 LGT).

Los recargos de apremios conllevan los intereses y las costas del procedimiento de apremio (del embargo de los bienes, de una subasta pública, etc.).

4. Costas

Siempre que se está en el periodo ejecutivo, las costas pueden formar parte de la deuda tributaria cuando la AT ha de realizar un embargo, una subasta u otra operación para cobrar la deuda tributaria.

C. Forma del pago

Aunque el pago de la deuda tributaria normalmente se efectúe *en efectivo*—en dinero de curso legal o por cheque, tarjeta de crédito y débito, transferencia bancaria, domiciliación bancaria (art. 34.1 RGR), la LGT prevé la posibilidad de efectuarse el pago mediante *efectos timbrados* cuando así se disponga reglamentariamente (art. 60 LGT). El RGR, por su parte, prevé esta posibilidad en su art. 39, el cual establece que tienen la condición de efectos timbrados el papel timbrado común, el papel timbrado de pagos al Estado, los documentos timbrados especiales, los timbres móviles y los aprobados por orden del Ministro de Economía y Hacienda (art. 39.1).

Se entiende pagada en efectivo una deuda tributaria cuando se haya realizado el ingreso de su importe en las cajas de los órganos competentes, oficinas recaudadoras o entidades autorizadas para su admisión (art. 61.1 LGT).

El obligado al pago podrá además utilizar el pago *en especie* para satisfacer la deuda tributaria, cuando lo solicite al órgano de recaudación que tenga atribuida la competencia en la correspondiente norma de organización específica (art. 40.1 RGR).

D. Lugar

El pago de la deuda podrá realizarse en: (i) la *Tesorería* de la Dirección General del Tesoro y Política Financiera; (ii) las *entidades de crédito que presten el servicio de caja* (oficinas de recaudación); (iii) las *entidades colaboradoras*; (iv) las *aduanas*; (v) las *cuentas* restringidas abiertas en entidades de crédito; (vi) las cajas de los *órganos gestores*; o (vi) *cualquier otro lugar* de pago que se establezca por el Ministro de Economía y Hacienda (art. 12 RGR). Los ingresos se realizarán en cuentas restringidas abiertas en las entidades colaboradoras, cuya denominación y funcionamiento serán establecidos mediante orden del Ministro de Economía y Hacienda (art. 19.1 RGR).

E. Tiempo

El art. 161.1 LGT establece los plazos para pagar voluntariamente la deuda en los casos de liquidación por la AT y de autoliquidación. En el caso de deudas a ingresar mediante autoliquidación presentada sin realizar el ingreso, termina el periodo voluntario y empieza el periodo ejecutivo al día siguiente de la finalización del *plazo que establezca la normativa* de cada tributo para dicho ingreso o, si éste ya hubiere concluido, el *día siguiente a la presentación de la autoliquidación*. Por ejemplo, para el IRPF, el plazo para presentar la autoliquidación e ingresar la deuda es entre el 1 de mayo y el 30 de junio del año siguiente al año del devengo. En el impuesto de transmisiones patrimoniales, el plazo es de los seis meses que siguen al perfeccionamiento del contrato.

En el caso de deudas liquidadas por la Administración tributaria, termina el periodo voluntario y empieza el periodo ejecutivo el día siguiente al del *vencimiento del plazo* establecido para el ingreso del pago en el art. 62 LGT, que, por su parte, establece que el plazo para pagar la deuda termina el día 20 del mes siguiente al día de la notificación, si ésta se produjo entre el 1 y el 15 del mes, y, si se notifica entre el 16 y el final del mes, termina el plazo el día 5 de dos meses siguientes (art. 161.1 LGT).

Para los pagos fijados para efectos timbrados, se coincide el devengo (nacimiento) de la obligación tributaria con el momento del pago del impuesto.

F. Imputación y efectos: la consignación

1. *Levantamiento de medidas cautelares*

El «velo» de una sociedad sirve para separar el patrimonio personal del socio de una sociedad del patrimonio de la sociedad misma. La administración podrá «levantar el velo» en los supuestos de confusión patrimonial, cuando las personas jurídicas «han sido creadas o utilizadas de forma abusiva o fraudulenta para eludir la responsabilidad patrimonial universal frente a la Hacienda Pública y exista unicidad de personas o esferas económicas, o confusión o desviación patrimonial» (art. 43.1.g LGT).

2. *Justificantes del pago*

Quien realice el pago en efectivo de una deuda tendrá derecho a que se le entregue un *justificante*, que sirve como una prueba del pago. Los justificantes del pago serán, según los casos: los *recibos*, las *cartas de pago* suscritas o validadas por *órganos competentes* o por *entidades autorizadas* para recibir el pago, las *certificaciones acreditativas* del ingreso efectuado y *cualquier otro documento* al que se otorgue expresamente el carácter de justificante de pago por el Ministerio de Economía y Hacienda y, en particular, los determinados por la normativa reguladora de los ingresos por vía telemática (art. 41 RGR).

3. *Imputación*

Como las deudas tributarias son autónomas, el obligado al pago de varias deudas podrá *imputar* cada pago a la deuda que libremente determine (art. 63.1 LGT).

En los casos de ejecución forzosa en que se hubieran acumulado varias deudas tributarias del mismo obligado tributario y no pudieran extinguirse totalmente, la AT aplicará el pago a la deuda más antigua. La antigüedad se determinará de acuerdo con la fecha en que la deuda fue exigible (art. 63.3 LGT).

4. *Consignación: la Caja General de Depósitos*

Los obligados tributarios podrán consignar el importe de la deuda tributaria y, en su caso, de las costas reglamentariamente devengadas en la Caja General de Depósitos u en el órgano equivalente de las restantes AAPP, con los efectos liberatorios o suspensivos que las disposiciones reglamentarias determinen (art. 64 LGT).

II. APLAZAMIENTO Y FRACCIONAMIENTO DEL PAGO

Se puede admitir el aplazamiento y el fraccionamiento del pago de las deudas tributarias cuando la situación *económico-financiera* del obligado tributario le impida transitoriamente de realizar el pago en el plazo establecido (art. 65.1 LGT). Si el obligado puede probar dicha situación, tendrá derecho a aplazar o a fraccionar el pago; no es una opción que la AT puede negar. El órgano competente para la tramitación del aplazamiento o fraccionamiento examinará y evaluará la falta de liquidez, la capacidad para generar recursos y la suficiencia e idoneidad de las garantías (art. 51 RGR).

El aplazamiento del pago conlleva el deber de pagar los *intereses de demora*. La AT podrá exigir que se constituya a su favor *aval solidario* de entidad de crédito o sociedad de garantía recíproca o certificado de seguro de caución (art. 82.1 LGT). Podrá igualmente dispensar de las garantías en algunos supuestos tasadas en la normativa tributaria (art. 82.2 LGT).

En primer lugar, se solicita el aplazamiento o fraccionamiento del pago, siguiendo los trámites que corresponden. Como todos los procedimientos de gestión, la petición ha de resolverse dentro de seis meses. Se van devengando intereses, en su caso.

Es preciso distinguir entre el fraccionamiento y el aplazamiento del pago por un lado y el pago fraccionado por otro lado. Mientras que el pago fraccionado es una modalidad de pago a cuenta, el fraccionamiento y aplazamiento del pago son modalidades de posposición de la deuda, en todo o en parte. En el caso del aplazamiento del pago, se difiere el pago de la deuda; en el caso del fraccionamiento del pago, se divide el pago en dos o más fases.

III. PERIODO EJECUTIVO Y PROCEDIMIENTO DE APREMIO

A. El periodo ejecutivo

Cuando no se pague voluntariamente la deuda, empieza el periodo ejecutivo y, eventualmente, el procedimiento de apremio (*véase* arts. 160-177 LGT al respecto). El periodo ejecutivo empieza cuando haya terminado el periodo voluntario de pago y el administrado no haya pagado. A partir del inicio del periodo ejecutivo de pago, no se puede pagar la deuda sin coste adicional, pero se puede pagar espontáneamente con recargos y, si el contribuyente tarde más de doce meses, con intereses de demora.

En tanto no se recibe la providencia de apremio, no se ha iniciado el procedimiento de apremio y por tanto, el contribuyente tiene la oportunidad de pagar espontáneamente la deuda tarde, pagando un recargo ejecutivo de 5 % y, en su caso, los intereses de demora. En cambio, si el contribuyente, durante el periodo ejecutivo, recibe una notificación o un requerimiento para realizar una comprobación o una inspección, se inicia el procedimiento de apremio y el pago ya no será espontáneo y por tanto, se aplicarán los recargos de apremio.

B. El procedimiento de apremio

1. *Características*

El art. 163 LGT establece las características del procedimiento de apremio. En primer lugar, es *administrativo*, ya que la competencia para entender y resolver todas las incidencias del apremio corresponde únicamente a la AT (pero puede darse incidentalmente la intervención del juez en algunos supuestos limitados). Es además *autónomo*, ya que cada procedimiento va en paralelo, y de eso se puede producir impagos concurrentes.

El procedimiento de apremio se abre mediante providencia de apremio y se proseguirá hasta el cobro de la deuda. Para que pueda iniciarse, tiene que haber: (i) una deuda liquidada (cuantificada) y vencida; (ii) la terminación del periodo voluntario de pago; y (iii) el impago de la deuda.

2. *Iniciación del procedimiento de apremio*

a. *Providencia de apremio*

El procedimiento de apremio se inicia mediante providencia notificada al obligado tributario, en la que se identifica la *deuda pendiente*, se *liquida los recargos* del periodo ejecutivo, y se le *requiere al obligado para que efectúe el pago* (art. 167.1 LGT). Entre los otros elementos enumerados en el art. 70.2 RGR, la providencia de apremio deberá contener: (a) el nombre y apellidos o razón social o denominación completa, número de identificación fiscal y domicilio del obligado al pago; (b) el concepto, importe de la deuda y el periodo al que corresponde; (c) la indicación expresa de que la deuda no ha sido satisfecha; y (d) la liquidación del recargo del periodo ejecutivo.

b. *Oposición a la providencia de apremio*

La providencia de apremio no admite más motivos de oposición que los señalados en la ley. La LGT, por su parte, establece que contra la *providencia de apremio* sólo serán admisibles los siguientes motivos de oposición (art. 167.3 LGT):

- Los *motivos materiales*, que consisten en: (i) la *extinción* total de la deuda o *prescripción* del derecho a exigir el pago; o (ii) solicitud de *aplazamiento, fraccionamiento* o *compensación* en período voluntario y otras causas de suspensión del procedimiento de recaudación; o
- Los *motivos formales*, que son los que alegan vicios en: (i) el título del crédito por motivo de (a) la *falta de notificación* o (b) la *anulación* de la liquidación; o vicios en (ii) el título ejecutivo, por *error u omisión* en la providencia de apremio que impida la identificación del deudor o de la deuda apremiada.

3. *Suspensión del procedimiento de apremio*

Una vez iniciada, el procedimiento de apremio ha de proseguirse sin suspensión, a menos que la ley establezca otra cosa. Asimismo, la LGT afirma que el procedimiento de apremio se suspenderá en la forma y con los requisitos previstos en: (i) las *disposiciones reguladoras de los recursos*; en (ii) las *reclamaciones económico-administrativas*; y en (iii) los *otros supuestos* previstos en la normativa tributaria (art. 165.1 LGT).

Uno de dichos supuestos es la denominada «tercería de dominio», en la que la AT intenta embargar un bien y un tercero, interviniendo en el caso, reclama el derecho a ser reintegrado de un crédito con preferencia respecto al bien (*véase* arts. 117 y ss. RGR). En este caso, si es de dominio, no se puede ejecutar el apremio. La reclamación en vía administrativa será requisito previo para el ejercicio de la acción de tercería ante los juzgados y tribunales civiles (art. 117.1 RGR).

IV.   FASE DE EMBARGO: DESARROLLO

A. Ejecución de garantías

Si la deuda tributaria estuviera garantizada, se procederá en primer lugar a ejecutar la garantía a través del *procedimiento administrativo de apremio*. No obstante, la AT podrá optar por el embargo y enajenación de otros bienes o derechos con anterioridad a la ejecución de la garantía cuando: (i) la garantía *no sea proporcionada* a la deuda garantizada; o (ii) cuando *el obligado lo solicite*, señalando bienes suficientes al efecto (art. 168 LGT).

B. Embargo de bienes y derechos

1. *Concepto*

Con respeto al principio de proporcionalidad, se procederá al *embargo* de los bienes y derechos del obligado tributario en *cuantía suficiente* para cubrir el importe de la *deuda no ingresada*, los *intereses*, los *recargos* del período ejecutivo y las *costas* del procedimiento de apremio (art. 169.1 LGT).

La AT deberá embargar los bienes del obligado teniendo en cuenta la *mayor facilidad de su enajenación* y la *menor onerosidad* de ésta para el obligado. Si estos criterios fueran de difícil aplicación, los bienes se embargarán por el siguiente orden: (i) dinero efectivo o en cuentas abiertas en entidades de crédito; (ii) créditos, efectos, valores y derechos realizables en el acto o a corto plazo; (iii) sueldos, salarios y pensiones; (iv) bienes inmuebles; (v) intereses, rentas y frutos de toda especie; (vi) establecimientos mercantiles o industriales; (vii) metales preciosos, piedras finas, joyería, orfebrería y antigüedades; (viii) bienes muebles y semovientes; y (ix) créditos, efectos, valores y derechos realizables a largo plazo (art. 169.2 LGT).

2. *Diligencias de embargo*

a. *Destinatarios*

Cada actuación de embargo se documentará en diligencia, que se notificará a la *persona con la que se entienda dicha actuación*. Efectuado el embargo de los bienes o derechos, la diligencia se notificará al *obligado tributario* y, en su caso, al *tercero titular*, poseedor o depositario de los bienes si no se hubiesen llevado a cabo con ellos las actuaciones, así como al cónyuge del obligado tributario cuando los bienes embargados sean gananciales y a los condueños o cotitulares de los mismos (art. 170.1-.2 LGT).

Si los bienes embargados fueran inscribibles en un registro público, la AT tendrá derecho a que se practique *anotación preventiva* de embargo en el registro correspondiente. A tal efecto, el órgano competente expedirá mandamiento, con el mismo valor que si se tratara de mandamiento judicial de embargo, solicitándose que se emita certificación de las cargas que figuren en el registro. El registrador hará constar por nota al margen de la anotación de embargo la expedición de esta certificación, expresando su fecha y el procedimiento al que se refiera (art. 170.2 LGT)

b. *Oposición*

Contra la *diligencia de embargo* sólo serán admisibles los siguientes motivos de oposición: (i) *extinción* de la deuda o *prescripción* del derecho a exigir el pago; (ii) *falta de notificación* de la providencia de apremio; (iii) *incumplimiento de las normas* reguladoras del embargo; o (iv) *suspensión* del procedimiento de recaudación (art. 170.3 LGT).

C. Enajenación de bienes

La enajenación de bienes representa el momento final en el procedimiento de apremio. Cuando se ordene el embargo de establecimiento mercantil o industrial o, en general, de los bienes y derechos integrantes de una empresa, si se aprecia que la continuidad de las personas que ejercen la dirección de la actividad pudiera perjudicar la solvencia del obligado tributario, el órgano competente, previa audiencia del titular del negocio u órgano de administración de la entidad, podrá acordar el nombramiento de un funcionario que ejerza de administrador o que intervenga en la gestión del negocio en la forma que reglamentariamente se establezca, fiscalizando previamente a su ejecución aquellos actos que se concreten en el acuerdo administrativo (art. 170.5 LGT)

Cuando la AT tenga conocimiento de la existencia de fondos, valores, títulos u otros bienes entregados o confiados a una determinada oficina de una entidad de crédito u otra persona o entidad depositaria, podrá disponer su embargo en la cuantía que proceda. En la diligencia de embargo deberá identificarse el bien o derecho conocido por la Administración actuante, pero el embargo podrá extenderse, sin necesidad de identificación previa, al resto de los bienes o derechos existentes en dicha oficina (art. 171.1 LGT).

La enajenación de los bienes embargados se realizará mediante *subasta*, *concurso* o *adjudicación directa*, según los reglamentos (art. 172.1 LGT). Respecto a la adjudicación de bienes, en cualquier momento anterior a la misma, la AT liberará los bienes embargados si el obligado extingue la deuda tributaria y las costas del procedimiento de apremio (art. 172.4 LGT).

D. Facultades

Para asegurar o efectuar el cobro de la deuda tributaria, los funcionarios que desarrollen funciones de recaudación podrán: (i) *comprobar* e *investigar* la existencia y situación del patrimonio de los obligados tributarios; (ii) *entrar en el domicilio* (con el consentimiento del obligado tributario o con la oportuna autorización judicial); (iii) adoptar medidas cautelares de acuerdo con los términos del art. 146 LGT (art. 162.1 LGT). En el caso de que el obligado tributario no cumpliera las resoluciones o requerimientos dictados, se podrá acordar la ejecución subsidiaria de dichas resoluciones o requerimientos, mediante acuerdo del órgano competente (art. 162.2 LGT).

V. TERMINACIÓN DEL PROCEDIMIENTO DE APREMIO

A. Supuestos que terminan el procedimiento de apremio

El procedimiento de apremio termina en las siguientes circunstancias (art. 173.1 LGT):

- *Pago de la cantidad debida*. El pago de la cantidad debida corresponde a la cuantía establecida en el art. 169.1 LGT, que siempre será suficiente para cubrir: (i) la *deuda* no ingresada; (ii) los *intereses* que se hayan devengado o se devenguen hasta la fecha del ingreso en el Tesoro; (iii) los *recargos* del período ejecutivo; y (iv) las *costas* del procedimiento de apremio.
  En el caso de deudas tributarias resultantes de liquidaciones practicadas por la AT, la liquidación que se notifica entre el 1 y el 15 del mes ha de ser pagada para el día 20 del mes siguiente y la que se notifica entre el 16 y el fin del mes ha de ser pagada para el día 5 del segundo mes siguiente (art. 62.2 LGT).
- *El acuerdo que declare el crédito total o parcialmente incobrable*. Una vez declarados fallidos todos los obligados al pago, el procedimiento de apremio podrá terminar mediante un acuerdo que declara el crédito incobrable. En este caso, si, dentro del plazo de prescripción, se tiene conocimiento de la solvencia de algún obligado al pago, el procedimiento de apremio se reanudará (art. 173.2 LGT).

- *El acuerdo de haber quedado extinguida la deuda por cualquier otra causa.* También podrá terminar el procedimiento de apremio por un acuerdo de haber quedado extinguida la deuda por cualquier otra causa (art. 173.1.c LGT).
- *Imputación.* Como las deudas tributarias son autónomas, el obligado al pago de varias deudas podrá imputar cada pago a la deuda que libremente determine (art. 63.1 LGT).

B. Ultimación

Cuando en el procedimiento de apremio resultasen solventados los débitos perseguidos y las costas, se declarará dicho extremo en el expediente de apremio, que quedará ultimado. Cuando el importe obtenido fuera insuficiente, se aplicará en primer lugar a las costas y seguidamente a as deudas cuyo cobro se persigue en el procedimiento según las reglas del (sin perjuicio de lo previsto en el art. 116.3.a-b) (art. 116 RGR).

CAPÍTULO 5. GARANTÍAS DEL CRÉDITO TRIBUTARIO

I. GARANTÍAS PERSONALES

A. Responsables

Si no se paga la deuda tributaria, el ordenamiento tributario prevé que la AT puede conseguir a que pague la deuda un tercero responsable. Un responsable es una persona que aparece para *responder por el deudor principal* cuando éste no ha pagado la deuda. Mientras que cl responsable solidario siempre puede ser llamado a pagar la deuda cuando el deudor principal no la pague, el subsidiario sólo puede ser llamado a pagar cuando el deudor principal, además de no haber pagado, se encuentra insolvente.

La responsabilidad de una deuda podrá ser declarada en cualquier momento *posterior a la práctica de la liquidación* o a *la presentación de la autoliquidación*, salvo que la ley disponga otra cosa (art. 174.1 LGT). El trámite de audiencia previo a los responsables no excluirá el derecho que también les asiste a formular con anterioridad a dicho trámite las alegaciones que estimen pertinentes y a aportar la documentación que consideren necesaria (art. 174.3 LGT). El acto de notificación de responsabilidad contendrá los medios de impugnación que pueden ser ejercitados contra dicho acto, órgano ante el que hubieran de presentarse y plazo para interponerlos (art. 174.4 LGT).

También es una modalidad de pago por un tercero el aval bancario, que puede ser utilizado para ejecutar una garantías frente al no pago de una deuda tributaria.

B. Sucesores

Fallecido el obligado al pago de la deuda tributaria, el procedimiento de recaudación podrá continuar con sus sucesores (herederos y, en su caso, legatarios) sin más requisitos que la constancia del fallecimiento de aquél y la notificación a los sucesores, con requerimiento del pago de la deuda tributaria y costas pendientes del causante (art. 177.1 LGT).

II. GARANTÍAS REALES

Cuando no se pague una deuda tributaria, la AT, además de poder reclamar la deuda contra un tercero, podrá conseguir a que la deuda se pague con los *bienes del deudor*.

A. Hipoteca legal tácita

En los tributos que *graven periódicamente los bienes o derechos* inscribibles en un registro público o sus productos directos, ciertos o presuntos, el Estado, las CCAA y las entidades locales tendrán *preferencia sobre cualquier otro acreedor o adquirente*, aunque éstos hayan inscrito sus derechos. La preferencia es para el cobro de las deudas devengadas y no satisfechas correspondientes al *año natural* en que se exija el pago y al *año inmediato anterior* (art. 78 LGT).

B. Afección de bienes y derechos

Los adquirentes de bienes *afectos por ley al pago de la deuda tributaria* responderán *subsidiariamente* con ellos, por derivación de la acción tributaria, si la deuda no se paga (art. 79.1 LGT). En los supuestos de cambio en la titularidad de los derechos que constituyen el hecho imponible del IBI, los bienes inmuebles objeto de dichos derechos quedarán afectos al pago de la totalidad de la cuota tributaria, en régimen de responsabilidad subsidiaria (art. 64.1 LRHL).

C. Derecho de retención

La AT tendrá derecho de retención frente a todos sobre las *mercancías declaradas en las aduanas* para el pago de la pertinente deuda aduanera y fiscal, por el importe de los respectivos derechos e impuestos liquidados, de no garantizarse de forma suficiente el pago de la misma (art. 80 LGT)

D. Medidas cautelares

Para asegurar el cobro de la deuda tributaria, la AT podrá adoptar medidas cautelares provisionales cuando existan indicios racionales de que el cobro será frustrado o gravemente dificultado (art. 81.1 LGT). Entre otras, dichas medidas podrán consistir en: (i) la *retención del pago* de devoluciones tributarias o de otros pagos que deba realizar la AT; (ii) el *embargo preventivo* de bienes y derechos, del que se practicará anotación preventiva; (iii) la *prohibición de enajenar, gravar o disponer* de bienes o derechos; o (iv) la *retención de un porcentaje de los pagos* que las empresas que contraten o subcontraten la ejecución de obras o prestación de servicios de su actividad principal realicen a los contratistas o subcontratistas (art. 81.3 LGT).

III. PRELACIÓN DE LOS CRÉDITOS TRIBUTARIOS

A. Concurrencia con concursos de acreedores

1. *Principio de* prior in tempore potior in iure

En caso de concurrencia del procedimiento de apremio para la recaudación de los tributos con otros procedimientos de ejecución, la preferencia para la ejecución de los bienes trabados en el procedimiento vendrá determinada con arreglo al principio de *prior in tempore potior in iure.* Por tanto, cuando concurra con otros procesos o procedimientos, el procedimiento de apremio será preferente si el embargo efectuado en el curso del procedimiento de apremio sea el más antiguo. Del mismo modo, cuando concurra con otros procesos o procedimientos concursales o universales de ejecución, el procedimiento de apremio será preferente para la ejecución de los bienes o derechos embargados en el mismo, siempre que la providencia de apremio se hubiera dictado con anterioridad a la fecha de declaración del concurso (art. 164.1 LGT).

2. *Privilegios especiales, ordinarios (generales) y subordinados*

Hoy en día, la mayoría de la deuda que podrá recoger la Hacienda Pública tiene la calificación de *créditos ordinarios*, que dan un privilegio a la Hacienda Pública respecto al 50 % (previamente, tenía un *privilegio general* respecto al 100 % de la deuda). En algunos supuestos (*p. ej.*, las prestaciones a cuenta), la Hacienda Pública tiene un *privilegio especial* (garantizado) para recoger el 100 % de la deuda. Luego, existen *créditos subordinados* (*p. ej.*, los intereses, recargos y sanciones), que ni tienen un privilegio especial ni general, y por tanto, son los últimos a cobrar.

3. *Convención*

Declarado el concurso, no podrán iniciarse ejecuciones singulares, judiciales o extrajudiciales, ni seguirse apremios administrativos o tributarios contra el patrimonio del deudor. Podrán continuarse aquellos procedimientos administrativos de ejecución en los que se *hubiera dictado providencia de apremio* y las *ejecuciones laborales* en las que se hubieran embargado bienes del concursado, todo ello con anterioridad a la fecha de declaración del concurso, siempre que los bienes objeto de embargo no resulten necesarios para la continuidad de la actividad profesional o empresarial del deudor (art. 55.1 LCon).

CAPÍTULO 6. EXTINCIÓN DEL CRÉDITO TRIBUTARIO

Las formas de extinguir el crédito tributario, las cuales se rigen por los arts. 60 a 82 LGT, son: (i) el pago; (ii) la prescripción; (iii) la compensación; (iv) la condonación; (v) las deducciones sobre transferencias; y (vi) la insolvencia. Ya hemos examinado todo lo relativo al pago en la discusión sobre la recaudación, *supra*. Más abajo, enfocaremos en tres formas de extinción del crédito tributario: la prescripción, la compensación, y la condonación.

I. Prescripción

Como la deuda tributaria no pervive hasta siempre, la prescripción es una modalidad de extinción de la deuda, si no se la paga dentro de un plazo legalmente establecido.

A. Plazos

Prescribirán en el plazo de *cuatro años*: (i) el derecho de la AT para *liquidar* la deuda tributaria; (ii) el derecho de la AT para *exigir el pago* de la deuda tributaria liquidada o autoliquidada; y (iii) el derecho a *solicitar* o a *obtener las devoluciones* derivadas de la normativa de cada tributo, las devoluciones de ingresos indebidos y el reembolso del coste de las garantías (art. 66 LGT).

B. Cómputo

El plazo de prescripción comenzará a contarse en los distintos casos según las siguientes reglas (art. 67.1 LGT):

- Para liquidar la deuda, desde el día siguiente a aquel en que *finalice el plazo para presentar la declaración o autoliquidación*;
- Para exigir el pago de la deuda, desde el día siguiente a aquel en que *finalice el plazo de pago en período voluntario* (sin perjuicio de lo dispuesto en el art. 67.2 LGT respecto a los responsables solidarios);
- En el caso de solicitar las devoluciones, desde el día siguiente a aquel en que *finalice el plazo para solicitar la correspondiente devolución* derivada de la normativa de cada tributo o, en defecto de plazo, desde el día siguiente a aquel en que dicha devolución pudo solicitarse; desde el día siguiente a aquel en que se realizó el ingreso indebido o desde el día siguiente a la finalización del plazo para presentar la autoliquidación si el ingreso indebido se realizó dentro de dicho plazo; o desde el día siguiente a aquel en que adquiera firmeza la sentencia o resolución administrativa que declare total o parcialmente improcedente el acto impugnado.
- En el caso de obtener las devoluciones, desde el día siguiente a aquel en que *finalicen los plazos establecidos para efectuar las devoluciones* derivadas de la normativa de cada tributo o desde el día siguiente a la fecha de notificación del acuerdo donde se reconozca el derecho a percibir la devolución o el reembolso del coste de las garantías.

C. Interrupción

Los plazos de prescripción pueden interrumpirse, volviendo a contarse de nuevo, por una serie de acontecimientos legalmente fijados. Interrumpen los plazos de prescripción (art. 68.1 LGT):

- Las acciones de la AT realizadas con conocimiento formal del obligado tributario, conducente al *reconocimiento, regularización, comprobación, inspección, aseguramiento* y *liquidación* de todos o parte de los elementos de la obligación tributaria;
- La *interposición de reclamaciones o recursos*, las *actuaciones realizadas con conocimiento formal del obligado tributario* en el curso de dichas reclamaciones o recursos, por la *remisión del tanto de culpa a la jurisdicción*

penal o por la *presentación de denuncia ante el Ministerio Fiscal* o por la *recepción de la comunicación de un órgano jurisdiccional* en la que se ordene la paralización del procedimiento administrativo en curso; y

- Cualquier *actuación fehaciente del obligado tributario conducente a la liquidación o autoliquidación* de la deuda tributaria.

D. Prescripción vs caducidad

Tanto la prescripción como la caducidad se refieren a la extinción de un derecho por el transcurso no interrumpido de un plazo de tiempo definido por la ley, pero el plazo en la prescripción, a diferencia del plazo de la caducidad, se puede interrumpir, volviendo a contar de nuevo desde el inicio. La caducidad, en cambio, sólo puede suspenderse. Mientras que la caducidad se aplica a las acciones y a los procedimientos, la prescripción se aplica a los derechos. También, a diferencia de la caducidad, la prescripción *no es apreciable de oficio*. Para la prescripción de los derechos en el derecho civil, hay que invocarla al juez; el juez no puede aplicarla de oficio.

Por eso, está mal construido el ordenamiento tributario, el cual califica como supuestos de prescripción *las potestades de liquidar*, *sancionar*, y *liquidar*, las cuales funcionan en realidad bajo un régimen de *caducidad*. Por ejemplo, el juez puede aplicar la prescripción de oficio, sin que las partes la excepcionen o invoquen (art. 69.2 LGT). La prescripción tributaria, en este sentido, se parece a la caducidad.

II. COMPENSACIÓN

A. Concepto

La compensación es otra forma de extinción total o parcial de la deuda tributaria. Es una modalidad de pago por compensación de otros *créditos reconocidos por acto administrativo* a favor del mismo deudor (art. 71.1 LGT). Se acuerda de oficio o a instancia del obligado tributario (art. 71.2 LGT).

B. A instancia del obligado

El obligado tributario podrá solicitar la compensación de las deudas tributarias que se encuentren tanto en *período voluntario* como en *período ejecutivo*. La presentación de una solicitud de compensación en período voluntario impedirá el inicio del período ejecutivo de la deuda concurrente con el crédito ofrecido, pero no el devengo del interés de demora que pueda proceder hasta la fecha de reconocimiento del crédito (art. 72.1-.2 LGT).

C. De oficio

La AT compensará de oficio las deudas tributarias que se encuentren en período ejecutivo (art. 73 LGT). Las deudas tributarias vencidas, líquidas y exigibles que las CCAA, entidades locales y demás entidades de derecho público tengan con el Estado podrán extinguirse con las deducciones sobre las cantidades que la Administración del Estado deba transferir a las referidas entidades (art. 74.1 LGT).

D. Supuestos de suspensión

En los supuestos en los que la ley de cada tributo lo establezca, el ingreso de la deuda de un obligado tributario *podrá suspenderse* a solicitud de éste, si otro obligado presenta una declaración o autoliquidación de la que resulte una cantidad a devolver o una comunicación de datos, con indicación de que el importe de la devolución que pueda ser reconocido se destine a la cancelación de la deuda cuya suspensión se pretende (art. 62.7 LGT).

El ingreso de la deuda de un obligado tributario *se suspenderá total o parcialmente* cuando se compruebe que por la misma operación se ha satisfecho a la misma u otra Administración una deuda tributaria o se ha soportado la repercusión de otro impuesto, *siempre que el pago realizado o la repercusión soportada fuera incompatible con la deuda exigida* y, además, en este último caso, el sujeto pasivo no tenga derecho a la completa deducción del importe soportado indebidamente (art. 62.8 LGT). Por ejemplo, en una compraventa mercantil en la que el sujeto, en lugar de pagar el IVA al Estado, paga el ITP a la CA, si la inspección estatal luego exige que pague el IVA, mientras que no se resuelve a quien se ha de pagar, no se pueden exigir los dos impuestos a la vez. Se aplica la *suspensión del cobro* y, si se determina que el pago a la CA fue indebida, lo que pagó el sujeto se aplicará al pago del IVA estatal.

III. CONDONACIÓN

Por fin, podrá extinguirse la deuda tributaria por condonación, que sólo se aplicará en virtud de ley, en la cuantía y con los requisitos que en la misma se determinen (art. 75 LGT)

A. Condonación concursal

El carácter privilegiado de los créditos tributarios otorga a la Hacienda Pública el derecho de abstención en los procesos concursales. No obstante, la Hacienda Pública podrá *suscribir en estos procesos los acuerdos o convenios previstos en la legislación concursal*, así como *acordar unas condiciones singulares de pago*, que no pueden ser más favorables para el deudor que las recogidas en el convenio o acuerdo que ponga fin al proceso judicial. Este privilegio podrá ejercerse en los términos previstos en la legislación concursal. Igualmente podrá acordar la compensación de dichos créditos en los términos previstos en la normativa tributaria (art. 164.4 LGT)

B. Baja provisional

Las deudas tributarias que no hayan podido hacerse efectivas en los respectivos procedimientos de recaudación por insolvencia probada de los obligados tributarios se darán de baja en cuentas en la cuantía procedente, mediante la *declaración del crédito como incobrable*, total o parcial, en tanto no se rehabiliten dentro del plazo de prescripción de acuerdo con lo dispuesto en el art. 173.2 LGT (art. 76.1 LGT).

En los casos en que se haya declarado el crédito incobrable, el procedimiento de apremio se reanudará, dentro del plazo de prescripción, cuando se tenga conocimiento de la solvencia de algún obligado al pago (art. 173.2 LGT).

CAPÍTULO 7. INSPECCIÓN

I. INSPECCIÓN: ÓRGANOS, FUNCIONES Y ACTUACIONES

A. Órgano, función y personal

Es preciso distinguir entre el órgano, la función y el personal en la inspección. El *órgano* es el Departamento de Inspección, el cual lleva a cabo las *funciones* de no solamente inspección, sino también de liquidación de los tributos. El órgano de inspección realiza sus funciones inspectoras por su personal, un cuerpo de inspectores de haciendo o inspectores técnicos al servicio de la Administración tributaria (*véase* art. 169.1 RGGIT). Un inspector podrá estar trabajando tanto en un órgano de inspección como en un órgano de gestión o de recaudación.

B. Actuaciones y procedimiento

Las actuaciones inspectoras se realizarán mediante el examen de documentos, libros, contabilidad principal y auxiliar, ficheros, facturas, justificantes, correspondencia con transcendencia tributaria, bases de datos informatizadas, programas, registros y archivos informáticos relativos a actividades económicas, así como mediante la inspección de bienes, elementos, explotaciones y cualquier otro antecedente o información que deba de facilitarse a la Administración o que sea necesario para la exigencia de las obligaciones tributarias (art. 142 LGT). Como ya hemos mencionado, las actuaciones inspectoras también implican las operaciones de liquidación por el Departamento de Inspección.

El conjunto de las dos fases integradas en la inspección (la comprobación de hechos y la liquidación de derechos) ha de durar entre doce y, como máximo, veinticuatro meses, desde su inicio hasta la liquidación final (*véase* arts. 167-168 RGGIT). Durante este tiempo, se van haciendo actuaciones parciales. Después del procedimiento de inspección, la liquidación, que previamente sólo ha sido *provisional*, deviene *definitiva*.

II. LAS FUNCIONES DE LA INSPECCIÓN: INVESTIGACIÓN, COMPROBACIÓN, LIQUIDACIÓN

A. Investigación, comprobación, intervención

La inspección tributaria consiste en el ejercicio de las funciones administrativas dirigidas a (art. 141 LGT):

- La investigación de los supuestos de hecho de las obligaciones tributarias para el *descubrimiento de los que sean ignorados* por la AP;
- La *comprobación de la veracidad y exactitud de las declaraciones* tributarias;
- La realización de actuaciones de *obtención de información* relacionadas con la aplicación de los tributos;
- La *comprobación del valor* de derechos, rentas, productos, bienes, patrimonios, empresas y demás elementos, cuando sea necesaria para la

determinación de las obligaciones tributarias (algunas de las operaciones de valoración de bienes se comparten con el Departamento de Gestión);
- La *comprobación del cumplimiento* de los requisitos exigidos para la obtención de beneficios o incentivos fiscales y devoluciones tributarias y para la aplicación de regímenes tributarios especiales;
- La *información a los obligados tributarios* con motivo de las actuaciones inspectoras sobre sus derechos y obligaciones tributarias y la forma en que deben cumplir estas últimas;
- La *práctica de las liquidaciones* resultantes de sus actuaciones de comprobación e investigación;
- La *realización de actuaciones de comprobación limitada*;
- El *asesoramiento e informe* a órganos de la AP;
- La *realización de las intervenciones tributarias permanentes o no permanentes*; y
- Las demás que se establezcan en otras disposiciones o se le encomienden por las autoridades competentes.

B. Comprobación de hechos y liquidación de derechos

Históricamente, los inspectores sólo fijaban hechos; no liquidaban. Hoy en día, como hemos mencionado, las actuaciones inspectoras implican tanto la comprobación como la liquidación. Son conceptos distintos. Mientras que la comprobación implica investigar y fijar hechos, la función de liquidación implica meter los hechos fijados en las normas para cuantificar y determinar el importe de la deuda tributaria. El inspector que liquida es el *inspector jefe* y el que comprueba hechos es el *inspector actuario*.

III. PLANIFICACIÓN DE INSPECCIÓN

La plantificación es una fase previa a la inspección. Está previsto: (i) el *plan general de control*; y (ii) los *planes de inspección*.

A. Plan de control tributario

La AT elaborará anualmente un «plan de control tributario» que tendrá carácter reservado, aunque ello no impedirá que se hagan públicos los *criterios generales* que lo informen (art. 116 LGT). El plan de control tributario es como el «plan estratégico» en el marco de la administración y dirección de empresas. El plan de control tributario plantea las grandes líneas políticas de la inspección para el ejercicio siguiente, planificando, por ejemplo, los sectores a que se va a dedicar).

B. Planes de inspección

Luego, para construir el plan de control tributario, hay planes de inspección que comprenden las estrategias y objetivos generales de las actuaciones inspectoras y se concretarán en el conjunto de planes y programas definidos sobre *sectores económicos, áreas de actividad, operaciones y supuestos de hecho, relaciones jurídico-tributarias* u otros, conforme a los que los órganos de inspección deberán desarrollar su actividad (art. 170 RGGIT). Se selecciona qué contribuyentes serán objeto de inspección según los criterios de oportunidad y aleatoriedad. Los planes de inspección tienen carácter reservado.

IV.   PROCEDIMIENTO MARCO DE INSPECCIÓN

Una vez que ya están seleccionados los candidatos que serán objeto de inspección, el inspector actuario empieza la fase de instrucción (comprobación), la cual termina mediante una fase de resolución (liquidación).

A. Iniciación: forma, objeto y efectos

1. Forma

Las actuaciones de la AT en los procedimientos de aplicación de los tributos han de documentarse en *comunicaciones*, *diligencias*, *informes* y *otros documentos* previstos en la normativa específica de cada procedimiento (art. 99.7 LGT; art. 87 RGI).

La inspección podrá personarse *sin previo aviso* en las empresas, oficinas, dependencias, instalaciones o almacenes del obligado tributario, entendiéndose las actuaciones con éste o con el encargado o responsable de los locales (art. 151.2 LGT). Todo esto tiene sus limitaciones (ej.: para entrar en el domicilio, han de tener el consentimiento del obligado tributario o la oportuna autorización judicial).

Constituye derecho de los obligados tributarios el de utilizar en el procedimiento de inspección las *lenguas oficiales* en el territorio de su CA, de acuerdo con lo previsto en el ordenamiento jurídico (34.1.D LGT). Además, constituye derecho de los obligados tributarios el de ser *informado*, al inicio de las actuaciones de comprobación o inspección sobre la naturaleza y alcance de las mismas, así como de sus derechos y obligaciones en el curso de tales actuaciones (34.1.Ñ LGT)

2. Objeto

El objeto del procedimiento de inspección es *comprobar* e *investigar el adecuado cumplimiento de las obligaciones tributarias* y en el mismo se procederá, en su caso, a la regularización de la situación tributaria del obligado mediante la práctica de una o varias liquidaciones (145.1 LGT).

Respecto al alcance de las actuaciones del procedimiento de inspección, éstas podrán tener carácter *general* o *parcial* (art. 148.1 LGT). Tendrán *carácter general* cuando no afecten a la totalidad de los elementos de la obligación tributaria en el período objeto de la comprobación y en todos aquellos supuestos que se señalen reglamentariamente (art. 148.2 LGT; 178 RGGIT). Cuando la inspección es general, la liquidación es definitiva.

En cambio, las actuaciones inspectoras tendrán carácter parcial cuando no afecten a la totalidad de los elementos de la obligación tributaria en el período objeto de la comprobación y en todos aquellos supuestos que se señalen reglamentariamente (art. 148.2 LGT; art. 190 RGGIT). Cuando la inspección es parcial, la liquidación es provisional. El obligado tributario que esté siendo objeto de unas actuaciones de inspección de carácter parcial *podrá solicitar* a la AT que las mismas tengan carácter general respecto al tributo y períodos afectados (art. 149.1 LGT; art. 179 RGGIT).

3. *Efectos*

Los efectos del inicio del procedimiento son: (i) la *interrupción de la prescripción*; y (ii) el *término del procedimiento de gestión*. Desde el momento en que aparece la inspección, no se puede presentar declaraciones espontáneas.

B. Tramitación: las actuaciones de inspección

1. *Duración y tiempo*

Las actuaciones del procedimiento de inspección deberán concluir en el plazo máximo de doce meses, ampliables a veinticuatro meses, contados desde la fecha de notificación al obligado tributario del inicio del mismo (art. 150 LGT; art. 184 RGGIT). Como efecto del incumplimiento, si se alarga de más de un año, se entiende caducado.

El art. 103 RGGIT establece una serie de supuestos de *interrupciones justificadas* (ej.: si se pidan datos a otro órgano, se interrumpe por el tiempo que transcurra desde la remisión de la petición hasta la recepción de aquellos por el órgano competente para continuar el procedimiento) y el art. 104 RGGIT trata las *dilaciones por causas no imputables a la AP*.

Respecto al tiempo, las actuaciones que se desarrollen en oficinas públicas se realizarán dentro del *horario oficial de apertura al público* de las mismas y, en todo caso, dentro de la jornada de trabajo vigente (art. 152.1 LGT), a menos que por mutuo acuerdo entre las partes se establece otra cosa (art. 182 RGGIT) (*p. ej.*, de llevarla a cabo durante un fin de semana).

2. *Lugar de las actuaciones*

El art. 151 LGT establece *dónde* se puede realizar las actuaciones, incluyendo el lugar donde el obligado tributario tenga su domicilio fiscal, el lugar donde se realicen total o parcialmente las actividades gravadas y el lugar donde exista alguna prueba del hecho imponible o del presupuesto de hecho de la obligación tributaria. Los criterios para decidir dónde actúan se establecen en el art. 174 RGGIT.

3. *Sujetos*

Los inspectores actuarios que desempeñen funciones de inspección y comprueban hechos serán considerados *agentes de la autoridad* y deberán acreditar su condición, si son requeridos para ello, fuera de las oficinas públicas (art. 142.4 LGT; arts. 60 a 61 RGGIT). Normalmente, actúan en equipos de inspección. Los obligados tributarios deberán *atender* a la inspección y prestarle la debida *colaboración* en el desarrollo de sus funciones (art. 142.3 LGT; arts. 110-112 RGGIT).

4. *Objeto*

El objeto del procedimiento de inspección es de *comprobar* e *investigar* el adecuado cumplimiento de las obligaciones tributarias y en el mismo se procederá, en su caso, a la regularización de la situación tributaria del obligado mediante la práctica de una o varias liquidaciones (art. 145.1 LGT; art. 173 RGGIT).

En las actuaciones de inspección, se dedica básicamente a examinar la contabilidad (facturas, contratos de provisión, etc.), pero se puede pedir cualquier información que tenga trascendencia tributaria.

En el procedimiento de inspección, se pueden adoptar *medidas cautelares* debidamente motivadas para impedir que desaparezcan, se destruyan o alteren las pruebas. Han de ser *proporcionadas* y *limitadas temporalmente* a los fines anteriores y *ratificadas* por el órgano competente para liquidar en el plazo de quince días desde su adopción (146 LGT, 181 RGGIT).

5. *Forma*

Los procedimientos de inspección han de desarrollarse con el debido *respeto y colaboración* (art. 34.1.j-.k, 29.2.f-.g LGT; art. 180 RGI) y además, con *imparcialidad* y *celeridad* (arts. 74, 75, 85.3 LAP).

Las actuaciones de la inspección de los tributos se *documentarán* en comunicaciones, diligencias, informes y actas (143 LGT). En las *comunicaciones* (o requerimientos), se inician los procedimientos; en las *diligencias* se plasman. En las *actas*, se dan todos los hechos probados y se hace la propuesta de liquidación, a la que el contribuyente podrá dar su conformidad o no (*véase infra.*).

C. Terminación mediante el acta

La terminación de las actuaciones sigue procedimientos distintos en función del acta. Puede haber: (i) actas de disconformidad; (ii) actas de conformidad; o (iii) actas con acuerdo (art. 154.1 LGT). El contribuyente ha de decidir dentro de diez días cuál será su comportamiento ante la propuesta de liquidación.

1. *Actas de disconformidad*

Cuando el obligado tributario o su representante *se niegue a recibir o suscribir el acta*, ésta se tramitará como de disconformidad (art. 154.2 LGT). Con carácter previo a la firma del acta de disconformidad se concederá *trámite de audiencia* al interesado para que alegue lo que convenga a su derecho (art. 157.1 LGT).

Cuando el obligado tributario se niegue a suscribir el acta, la suscriba pero no preste su conformidad a las propuestas de regularización y de liquidación contenidas en el acta o no comparezca en la fecha señalada para la firma de las actas, se formalizará un acta de disconformidad, en la que se hará constar el derecho del obligado tributario a *presentar las alegaciones que considere oportunas*, dentro del plazo de los *quince días*, contados a partir del día siguiente al de la fecha en que se haya producido la negativa a suscribir, se haya suscrito o, si no se ha comparecido, se haya notificado el acta (art. 188.1 RGGIT).

El inspector jefe puede dictar la propuesta de liquidación con acuerdo con lo que dice el actuario o con acuerdo con lo que alega el contribuyente. Lo normal es que el inspector jefe ratifique el informe del inspector actuario y le remita la liquidación al obligado tributario. El contribuyente tiene quince días para presentar sus alegaciones. Si no firma, no está conforme.

2. *Actas de conformidad*

Cuando el obligado tributario preste su conformidad a los hechos y a las propuestas de regularización y liquidación incorporadas en el acta, se hará constar en ella dicha conformidad (art. 187 RGGIT). Con carácter previo a la firma del acta de conformidad se concederá trámite de audiencia al interesado para que alegue lo que convenga a su derecho (art. 156.1 LGT).

a. Notificación implícita

Existe notificación implícita si, en el plazo de un mes contado desde el día siguiente a la fecha del acta, no se hubiera notificado al interesado acuerdo del órgano competente para liquidar (art. 1567.3 LGT). Ya que se entiende que existe conformidad por el transcurso de un mes, en el acta de conformidad, el obligado tributario no ha de esperar a que resuelva el inspector jefe; el silencio por parte del inspector jefe es positivo. Pues, la propuesta de liquidación se transforme en una liquidación por el transcurso de un mes.

Sin embargo, durante este mes, podrá completar el expediente o realizar rectificaciones el inspector jefe durante quince días.

b. Ventajas de la conformidad

La conformidad conlleva la reducción de las sanciones pecuniarias en 30 % (181.1 LGT). Pero luego, si se recurre y se pierde, se pierde también el beneficio de la reducción de la sanción.

Los hechos aceptados por los obligados tributarios en las actas de inspección se presumen ciertos y sólo podrán rectificarse mediante prueba de haber incurrido en error de hecho (144.2 LGT).

3. Actas con acuerdo

a. Visión general

Cuando para la elaboración de la propuesta de regularización deba concretarse la aplicación de conceptos jurídicos indeterminados, cuando resulte necesaria la apreciación de los hechos determinantes para la correcta aplicación de la norma al caso concreto, o cuando sea preciso realizar estimaciones, valoraciones o mediciones de datos, elementos o características relevantes para la obligación tributaria que no puedan cuantificarse de forma cierta, la AT, con carácter previo a la liquidación de la deuda tributaria, podrá *concretar dicha aplicación*, la apreciación de aquellos hechos o la estimación, valoración o medición mediante un *acuerdo con el obligado tributario* (art. 155.1 LGT). Cuando el órgano inspector entienda que pueda proceder la conclusión de un acuerdo, lo comunicará al obligado tributario. Tras esta comunicación, el obligado podrá formular una propuesta con el fin de alcanzar un acuerdo (art. 186 RGGIT).

Antes de proceder a la firma del acta, el obligado deberá acreditar la constitución del depósito o garantía en los siguientes términos: (i) en el caso de constitución de depósito, mediante la aportación del justificante de constitución del depósito en la Caja General de Depósitos o en sus sucursales; o (ii) en el caso de formalización de aval o seguro de caución, mediante la aportación del certificado de la entidad de crédito o sociedad de garantía recíproca o de la entidad aseguradora. La garantía deberá cubrir el importe *total de la deuda tributaria*, de la *sanción* y el veinte por ciento de ambas cantidades. Será de duración indefinida y permanecerá vigente hasta que se produzca la extinción del importe garantizado (art. 186.5 RGGIT).

b. Ventajas

Para la AT, el acta con acuerdo tiene las ventajas de la seguridad de que el obligado va a pagar inmediatamente. Además, ya que sólo se puede impugnar en la jurisdicción contencioso-administrativa por el motivo de vicio en el consentimiento (*p. ej.*, el obligado ha sido engañado), la AT puede saber que no va a haber recurso administrativo ninguno, ya que supone el fin de la vía administrativa.

Para el obligado, supone la ventaja de la reducción en la cuantía de las sanciones pecuniarias en 50 % en los supuestos de acta con acuerdo (181.1 LGT)

V. PROCEDIMIENTOS ESPECIALES DE INSPECCIÓN

A. La estimación indirecta de bases imponibles

Cuando resulte aplicable el método de *estimación indirecta*, la inspección de los tributos acompañará a las actas incoadas para regularizar la situación tributaria de los obligados tributarios un *informe* razonado sobre: (i) las causas determinantes de la aplicación del método de estimación indirecta; (ii) la situación de la contabilidad y registros obligatorios del obligado tributario; (iii) la justificación de los medios elegidos para la determinación de las bases, rendimientos o cuotas; y (iv) los cálculos y estimaciones efectuados en virtud de los medios elegidos (art. 158.1 LGT).

B. La declaración de conflicto en la aplicación de la norma

De acuerdo con lo establecido en el art. 15 LGT, para que la inspección de los tributos pueda declarar el conflicto en la aplicación de la norma tributaria, deberá emitirse previamente un informe favorable de la Comisión consultiva que se constituya, en los términos establecidos reglamentariamente (art. 159.1 LGT).

Cuando el órgano actuante estime que pueden concurrir las circunstancias previstas en el art. 15.1 LGT, lo comunicará al interesado, y le concederá un plazo de quince días para presentar alegaciones y aportar o proponer las pruebas que estime procedentes (art. 159.2 LGT).

El plazo máximo para emitir el informe será de *tres meses* desde la remisión del expediente a la Comisión consultiva. Dicho plazo podrá ser ampliado mediante acuerdo motivado de la comisión consultiva, sin que dicha ampliación pueda exceder de *un mes* (art. 159.4 LGT).

C. La obtención de información de terceros

Las personas físicas o jurídicas, públicas o privadas, así como las entidades sin personalidad jurídica, *estarán obligadas a proporcionar* a la AT toda clase de datos, informes, antecedentes y justificantes con trascendencia tributaria relacionados con el cumplimiento de sus propias obligaciones tributarias o deducidos de sus relaciones económicas, profesionales o financieras con otras personas (art. 93.1 LGT). Los funcionarios públicos, incluidos los profesionales oficiales, estarán *obligados a colaborar* con la AT, suministrando toda clase de información con trascendencia tributaria de la que dispongan, salvo que sea aplicable: (i) el secreto del contenido de la correspondencia; (ii) el secreto de los datos que se hayan suministrado a la Administración para una finalidad exclusivamente estadística; o (iii) el secreto del protocolo notarial, que abarcará los instrumentos públicos a los que se refieren los arts. 34 y 35 de la Ley de 28 de mayo de 1862, del Notariado, y los relativos a cuestiones matrimoniales, con excepción de los referentes al régimen económico de la sociedad conyugal (art. 93.4 LGT). Puede también surgir la obligación de asistencia mutua con otros órganos de la AT.

CAPÍTULO 8. DERECHO SANCIONADOR TRIBUTARIO

I. NATURALEZA Y FUENTES

El supuesto de infracción típico en el derecho tributario es el de dejar de ingresar la deuda tributaria. Como la lógica en el derecho sancionador tributario es la propia del derecho penal, para ser punible, no basta con cometer un acto u omisión jurídicamente desaprobado (elemento objetivo); este comportamiento u omisión ha de ser acompañado con el elemento subjetivo—que sea la imprudencia o el dolo («culpa intencional») del sujeto al momento de cometer la infracción. Pues, las fuentes formales del derecho sancionador tributario—el Título IV de la LGT y el RGRST—establecen que el sujeto ha de tener culpabilidad, definida como capacidad para comprender la ilicitud del hecho o actuar conforme a esa comprensión. Los sujetos que carecen de esta aptitud no pueden ser culpables.

Los principios que se aplican en el derecho sancionador tributario y rigen la imposición de penas no son los de capacidad contributiva o económica, sino de represión, infracción y prevención. Las multas aplicables pueden ser económicas o de suspensión de ejercicio de derechos. Las sanciones no son ejecutables hasta que son firmes. Cuando son firmes, son ejecutables como cualquier otra deuda tributaria.

II. PRINCIPIOS DE LA POTESTAD SANCIONADORA TRIBUTARIA

La potestad sancionadora en materia tributaria se ejerce de acuerdo con los principios reguladores de la misma en materia administrativa con las especialidades establecidas en la LGT (art. 178.1 LGT). Entre otros, son principios regularos del derecho sancionador administrativo los de:

- *Legalidad*. Según el principio de la legalidad, no se puede castigar un sujeto por un acto si no se halle establecida por una ley previa que define la conducta como un delito. Pues el establecimiento y modificación de las infracciones y sanciones tributarias y condonación de deudas y sanciones tributarias y la concesión de moratorias y quitas han de establecerse por ley (art. 8.g, .k LGT). Viene también reflejado en el art. 25 CE, el cual establece que «[n]adie puede ser condenado o sancionado por acciones u omisiones que en el momento de producirse no constituyan delito, falta o infracción administrativa, según la legislación vigente en aquel momento.
- *Tipicidad*. Son infracciones tributarias las acciones u omisiones dolosas o culposas con cualquier grado de negligencia que estén *tipificadas como tales* en la ley (art. 183.1 LGT). Podemos considerar, por ejemplo, la infracción tributaria establecida en el art. 191.1 LGT, de dejar de ingresar dentro del plazo establecido en la normativa de cada tributo la deuda tributaria que debiera resultar de la correcta autoliquidación del tributo. Establece tanto el comportamiento castigado como las excepciones a la regla general: (i) cuando el no ingreso se regularice mediante declaración extemporánea; o (ii) cuando el obligado presenta autoliquidación, pero sin realizar el ingreso, según lo previsto en el art. 161.1.b. Tales comportamientos no constituyen infracciones a las que se aplican sanciones, aunque puedan aplicarse recargos.

- *Culpabilidad.* Son infracciones tributarias las acciones u omisiones dolosas o culposas con cualquier grado de negligencia que estén tipificadas y sancionadas como tales en la ley (art. 183.1 LGT; STC 76/1990). Son eximidos de responsabilidad, y por tanto, no pueden ser sancionados, los sujetos que no hayan podido saber lo que hacían, que no hayan podido saber que lo que hacían era prohibido; o de que no se puede exigir un comportamiento diferente.
- *Presunción de inocencia.* Los procedimientos sancionadores respetarán la presunción de no existencia de responsabilidad administrativa mientras no se demuestre lo contrario (137.1 LAP). Pues, a menos que la Administración prueba lo contrario, se presume que el sujeto no ha cometido una infracción y que no tiene el dolo o imprudencia necesario para constituir un delito.
- *Personalidad de la pena.* Las sanciones no se pueden heredar, pero la responsabilidad solidaria o subsidiaria se extiende a las sanciones. En esta situación, la sanción se entiende como una deuda (179.1,182.3, 189.1 LGT).
- *Proporcionalidad.* Las sanciones deben ser proporcionales a la gravedad de la ofensa y la culpabilidad del actor (*p. ej.*, un acto de imprudencia merece una pena menos severa que un acto de dolo). Asimismo, la LGT establece en escalas de graduación (art. 187 LGT) y reducciones de sanciones en los supuestos de conformidad y de actas con acuerdo (art. 188 LGT).

III.   TIPOLOGÍA DE LAS INFRACCIONES Y SANCIONES

A. Deber de declarar obligaciones principales o a cuenta

1. *No declarar correctamente, en detrimento de la recaudación*

Los arts. 191 a 193 LGT rigen, respectivamente las infracciones de: (i) *dejar de ingresar la deuda tributaria* que debiera resultar de una autoliquidación; de (ii) incumplir la obligación de *presentar de forma completa y correcta declaraciones o documentos necesarios* para practicar liquidaciones; y de (iii) *obtener indebidamente devoluciones.* Estas infracciones se calificarán como *leves, graves* o *muy graves* de acuerdo con lo dispuesto en cada caso en los arts. 191 a 206 LGT (*véase* art. 184.1 LGT).

a. *Infracciones leves*

La multa pecuniaria en el caso de la infracción leve es la 50 % de la base de la sanción. Para determinar si la infracción es leve, hay que calcular la base de la sanción, la cual equivale el perjuicio económico relativo (lo que se ha dejado de ingresar). Por ejemplo, en una deuda de 50.000 €, si se deja de ingresar 10.000 €, la base de la sanción será de 10.000 €, que es igual al perjuicio económico que ha causado. Pues, la sanción será el 50 % de 10.000 €, o 5.000 €.

Tiene la calificación de infracción leve cualquiera cuya base de la sanción tenga un valor: (i) inferior a 3.000 €; o (ii) por encima de 3.000 €, cuando (a) se trate de un supuesto sin ocultación (cuando el obligado haya aplicado una calificación improcedente, pero no ha ocultado información con trascendencia tributaria (art. 184.2 LGT)); y (b) la base de la sanción es inferior al 10 % de la deuda. Cuando el valor es por encima de 3.000 € y falta cualquier de estas dos circunstancias (hay ocultación o la base el superior al 10 % de la deuda tributaria), se está ante un supuesto de sanción grave o muy grave. Además, son infracciones leves las que implican *falsas complementarias* (*p. ej.*, el abogado que va llevando hacía adelante en el IVA).

Hay algunas *exclusiones* a estas reglas. Incluso si el valor es inferior a 3.000 € o superior a 3.000 € y sin ocultación, siempre se califican como graves o muy graves los supuestos de *falsificación de documentación*, de *incorrecciones contables* superiores al 10% de la base de la sanción y de todo lo que se refiere a *retenciones e ingresos a cuenta*.

b. Infracciones graves

Son graves las infracciones cuando: (i) la base de la sanción sea más de 3.000 € con ocultación; (ii) se utilice documentación falsa que incide en menos del 10 % de la base de la sanción; (iii) haya incorrecciones contables de entre el 10 % y el 50 % de la base de la sanción; y (iv) se traten de retenciones o ingresos a cuenta en los que se afecten a menos del 50 % de lo practicado. En este último supuesto, si el obligado de la retención ha dado todo el dinero al salariado sin haber guardado las sumas debidas, la infracción es grave (y no muy grave).

Respecto al importe de la sanción para las infracciones graves, será entre el *50%* y el *100%* de la base de la sanción (el perjuicio económico relativo). Además de la sanción pecuniaria, se puede imponer las siguientes sanciones accesorias no pecuniarias:

-   Cuando la multa pecuniaria impuesta por infracción *grave* sea de importe igual o superior a 30.000 € y se hubiera utilizado el criterio de graduación de comisión repetida de infracciones tributarias, se podrán imponer: (i) la pérdida de la posibilidad de obtener *subvenciones* o *ayudas públicas* y del derecho a *aplicar beneficios e incentivos fiscales* de carácter rogado durante un plazo de *un año*; y (ii) la prohibición para contratar con la AP que hubiera impuesto la sanción durante un plazo de *un año* (art. 186.1 LGT).
-   Cuando las autoridades o las personas que ejerzan profesiones oficiales cometan infracciones derivadas de la vulneración de los deberes de colaboración y siempre que, en relación con dicho deber, hayan desatendido tres requerimientos, podrá imponerse como sanción accesoria la *suspensión del ejercicio de profesiones oficiales, empleo* o *cargo público* por un plazo de *tres meses* (art. 186.3 LGT).

c. Infracciones muy graves

Las sanciones muy graves se aplican cuando: (i) se utilice *documentación falsa* que incide en más del 10 % de la base de la sanción (art. 184.3.b LGT); (ii) para *anomalías sustanciales* (184.3 LGT) e *incorrecciones contables* de más del 50 % de la base de la sanción; (iii) para *retenciones e ingresos a cuenta* que afecten a más del 50 % de lo practicado; (iv) y siempre que se utiliza *testaferros* (personas interpuestas que prestan sus nombres en negocios que son de otras personas). En el supuesto de retenciones e ingresos a cuenta, si de la retención, el obligado ha guardado las sumas que ha retenido, la infracción es muy grave.

La sanción para infracciones muy graves es del *100 % y el 150 %* de la base de la sanción (el perjuicio económico relativo). Además de la sanción pecuniaria, se puede imponer las siguientes sanciones accesorias no pecuniarias:

- Cuando la multa pecuniaria impuesta por infracción *muy grave* sea de importe igual o superior a 30.000 € y se hubiera utilizado el criterio de graduación de comisión repetida de infracciones tributarias, se podrán imponer: (i) la pérdida de la posibilidad de obtener *subvenciones o ayudas públicas* y del derecho a *aplicar beneficios e incentivos fiscales* de carácter rogado durante un plazo de *dos años*; y (ii) la prohibición para contratar con la AP que hubiera impuesto la sanción durante un plazo de de *dos años* (art. 186.1 LGT).
- Cuando la multa pecuniaria impuesta por infracción muy grave sea de importe igual o superior a 60.000 € y se haya utilizado el criterio de graduación de comisión repetida de infracciones tributarias, se podrán imponer las siguientes sanciones accesorias: (i) pérdida de la posibilidad de obtener subvenciones o ayudas públicas y del derecho a aplicar beneficios e incentivos fiscales de carácter rogado durante un plazo de *tres, cuatro o cinco años*, cuando el importe de la sanción impuesta hubiera sido igual o superior a 60.000, 150.000 o 300.000 €, respectivamente; y (ii) la prohibición para contratar con la AP que hubiera impuesto la sanción durante un plazo de *tres, cuatro o cinco años*, cuando el importe de la sanción impuesta hubiera sido igual o superior a 60.000, 150.000 o 300.000 €, respectivamente (art. 186.2 LGT).
- Como hemos visto para las infracciones graves, cuando las autoridades o las personas que ejerzan profesiones oficiales cometan infracciones derivadas de la vulneración de los deberes de colaboración, podrá imponerse como sanción accesoria la *suspensión del ejercicio de profesiones oficiales, empleo o cargo público* por un plazo de tres meses (art. 186.3 LGT).

2. *No declarar correctamente, sin detrimento de la recaudación: la tentativa*

Está encaminando a hacer un daño a la recaudación, pero no se hace efectuado, porque te han pillado. Al no haberse completado el no ingresar, no hay detrimento a la recaudación. Constituyen infracciones tributarias las siguientes actuaciones:

- La *solicitud indebida de devoluciones* derivadas de la normativa de cada tributo mediante la *omisión* de datos relevantes o la *inclusión* de datos falsos en autoliquidaciones, comunicaciones de datos o solicitudes, sin que las devoluciones se hayan obtenido. La sanción consistirá en multa pecuniaria proporcional del 15 % de la cantidad solicitada. La infracción es *grave* (art. 194.1 LGT).
- La *solicitud indebida de beneficios o incentivos fiscales* mediante la omisión de datos relevantes o la inclusión de datos falsos. Esta infracción es *grave* y se sancionará con una multa de 300 € (art. 194.2 LGT).
- La *no presentación en plazo autoliquidaciones o declaraciones*, sin perjuicio económico, por incumplir la obligación de comunicar el domicilio fiscal o por incumplir las condiciones de determinadas autorizaciones. La infracción es *leve* y se sancionará con una multa será de 100 €, 150 € o 300 € (art. 198 LGT).
- La *presentación incorrecta de autoliquidaciones o declaraciones*, sin perjuicio económico o contestaciones a requerimientos individualizados de información. La infracción es *grave* y se sancionará con una multa de 150 € o 250 € (art. 199 LGT).

3. *Actuaciones preparatorias*

Constituye infracción tributaria *grave* las siguientes actuaciones:

- La *acreditación improcedente de partidas positivas o negativas o créditos tributarios aparentes*. Se sanciona mediante multa pecuniaria proporcional del 15 %, si se trata de partidas a compensar o deducir en la *base imponible*, o del 50 %, si se trata de partidas a deducir en la *cuota o de créditos tributarios aparentes* (art. 195.1-.2 LGT):
- La *imputación incorrecta* o *no imputación* de bases imponibles, rentas o resultados o deducciones, bonificaciones y pagos a cuenta por las entidades sometidas a un régimen de imputación de rentas. Se sanciona mediante multa pecuniaria proporcional del 40 % de la base o del 75 % de la cuota (arts. 196 y 197 LGT).

B. Clases de sanciones y criterios de graduación y reducción

Las sanciones tributarias se graduarán conforme a los siguientes criterios, en la medida en que resulten aplicables (arts. 187 y 188 LGT):

- Comisión repetida de infracciones: 5 a 25 puntos porcentuales;
- Perjuicio económico para la Hacienda Pública: de 10 puntos porcentuales por un perjuicio de 10 % a 25 %; de 15 puntos por un perjuicio de 25 % a 50 %; de 20 puntos por un perjuicio de 50 % a 75 %; y de 20 puntos por un perjuicio de más de 75 %.
- Incumplimiento sustancial de la obligación de facturación o documentación (de más de 20%). Es otro criterio de graduación.

Son motivos de atenuación el acuerdo o conformidad del interesado: 50 % por acuerdo y 30% por conformidad (25% por pronto pago).

C. Otros deberes formales y de colaboración

- *Obligaciones contables y registrales*. Es una infracción tributaria el incumplimiento de obligaciones contables y registrales (art. 200.1 LGT).
- *Obligaciones de facturación y documentación*. Constituye infracción tributaria el incumplimiento de las obligaciones de facturación, de expedición, remisión, rectificación y conservación de facturas, justificantes o documentos sustitutivos (art. 201.1 LGT).
- Declaraciones censales, representante, y domicilio fiscal (198 y 199)
- Deberes de información sobre terceros y nif (198, 199, 202): no presentación o incorrección
- *Resistencia, obstrucción, excusa o negativa*. Constituye infracción tributaria la resistencia, obstrucción, excusa o negativa a las actuaciones de la AT (art. 203 LGT).
- *Obligaciones de información relativas a prestaciones a cuenta*. Constituyen infracciones tributarias: (i) el incumplimiento del deber de sigilo de los retenedores y obligados a realizar ingresos a cuenta; (ii) no comunicar datos o comunicar datos falsos, incompletos o inexactos al pagador de rentas sometidas a retención o ingreso a cuenta, cuando se deriven de ello retenciones o ingresos a cuenta inferiores a los procedentes; y (iii) el incumplimiento de la obligación de entregar el certificado de retenciones o

ingresos a cuenta practicados a los obligados tributarios perceptores de las rentas sujetas a retención o ingreso a cuenta (arts. 204 a 206 LGT)

IV. SUJETOS INFRACTORES

Los sujetos infractores serán, entre otros, los siguientes cuando realizcan acciones u omisiones tipificadas como infracciones en las leyes (art. 181.1 LGT): (i) los contribuyentes y los sustitutos de los contribuyentes; (ii) los retenedores y los obligados a practicar ingresos a cuenta; (iii) los obligados al cumplimiento de obligaciones tributarias formales; (iv) la sociedad dominante en el régimen de consolidación fiscal; (v) las entidades que estén obligadas a imputar o atribuir rentas a sus socios o miembros; y (vi) el representante legal de los sujetos obligados que carezcan de capacidad de obrar en el orden tributario.

Responderán solidariamente del pago de las sanciones tributarias las personas o entidades que sean causantes o colaboren activamente en la realización de una infracción tributaria o sucedan por cualquier concepto en la titularidad o ejercicio de explotaciones o actividades económicas, por las obligaciones tributarias contraídas del anterior titular y derivadas de su ejercicio, además de las enumeradas en el art. 42.2 LGT (art. 182.1 LGT).

CAPÍTULO 9. LA REVISIÓN DE ACTOS ADMINISTRATIVOS TRIBUTARIOS

I. CONTROLES INTERNOS EN VÍA ADMINISTRATIVA

A. Revisión de oficio (procedimientos especiales de revisión)

Los procedimientos especiales de revisión se rigen por el Capítulo II del Título V LGT. Son procedimientos especiales de revisión los de (art. 216 LGT): (i) revisión de actos nulos de pleno derecho; (ii) declaración de lesividad de actos anulables; (iii) revocación; (iv) rectificación de errores; y (v) devolución de ingresos indebidos.

1. Revisión de actos nulos de pleno derecho

Los supuestos que dan lugar a la revisión de actos nulos de pleno derecho se enumeran en el art. 217.1 LGT, el cual corresponde al art. 62.1 LAP. Los actos de las AAPP que podrán ser recurridos mediante este recurso son: (i) los que lesionen los *derechos y libertades* susceptibles de amparo constitucional; (ii) los dictados por órgano manifiestamente *incompetente* por razón de la materia o del territorio; (iii) los que tengan un *contenido imposible*; (iv) los que sean constitutivos de *infracción penal* o se dicten como consecuencia de ésta; (v) los dictados prescindiendo absolutamente del *procedimiento legalmente establecido* o de las normas que contienen las *reglas esenciales* para la formación de la voluntad de los órganos colegiados; (vi) los actos *contrarios al ordenamiento jurídico* por los que se adquieren facultades o derechos cuando se carezca de los requisitos esenciales para su adquisición; y (vii) cualquier otro que se establezca expresamente en una *disposición de rango legal*.

El procedimiento para declarar la nulidad de un acto administrativo podrá iniciarse por acuerdo del órgano que dictó el acto o de su superior jerárquico o a instancia del interesado (art. 217.2 LGT).

2. *Declaración de lesividad de actos anulables*

Fuera de los casos previstos en los arts. 217 (nulidad de pleno derecho) y 220 (rectificación de errores) LGT, la AT no podrá anular en perjuicio de los interesados sus propios actos y resoluciones. La AT podrá declarar lesivos para el interés público sus actos y resoluciones que incurran en cualquier infracción del ordenamiento jurídico, a fin de proceder a su posterior impugnación en vía contencioso-administrativa. Pues se trata de una actuación *en perjuicio* del interesado, ya que se declaran lesivos los actos y resoluciones cuando sean *favorables a los interesados* (art. 218.1 LGT).

No podrá adoptarse la declaración de lesividad una vez transcurridos cuatro años desde que se notificó el acto administrativo y exigirá la previa audiencia de cuantos aparezcan como interesados en el procedimiento (art. 218.2 LGT).

3. *Revocación*

La AT podrá revocar sus actos *en beneficio de los interesados* cuando se estime que infringen manifiestamente la ley, cuando circunstancias sobrevenidas que afecten a una situación jurídica particular pongan de manifiesto la improcedencia del acto dictado, o cuando en la tramitación del procedimiento se haya producido indefensión a los interesados (art. 219.1 LGT). La diferencia básica entre la revocación y la declaración de lesividad es que mientras que ésta se aplica *en perjuicio* del interesado, la revocación es una revisión *en beneficio* del interesado.

4. *Rectificación de errores*

La rectificación, o corrección de errores, se rige por los arts. 220 LGT y 13 RGR. El órgano u organismo que hubiera dictado el acto o la resolución de la reclamación rectificará en cualquier momento, de oficio o a instancia del interesado, los errores materiales, de hecho o aritméticos, siempre que no hubiera transcurrido el plazo de prescripción (art. 220.1 LGT). La rectificación no puede implicar una alteración o un cambio del contenido del acto administrativo.

5. *Devolución de ingresos indebidos*

El procedimiento para la devolución de ingresos indebidos viene regulado en el art. 221 LGT y en el Capítulo V del Título II RGR. Se iniciará de oficio o a instancia del interesado, cuando (art. 221.1 LGT): (i) se haya producido una *duplicidad* en el pago de deudas tributarias o sanciones; (ii) la cantidad pagada haya sido *superior* al importe a ingresar resultante de un acto administrativo o de una autoliquidación; (iii) se hayan ingresado cantidades correspondientes a deudas o sanciones tributarias después de haber transcurrido los *plazos de prescripción*; o (iv) así lo establezca la normativa tributaria.

B. Recurso de reposición

El recurso de reposición se encuentra en el Capítulo III del Título V LGT. Podrán ser objeto del recurso de reposición los actos dictados por la AT susceptibles de reclamación económico-administrativa (art. 222.1 LGT). El recurso de reposición deberá interponerse, en su caso, con carácter previo a la reclamación económico-administrativa (art. 222.2 LGT).

II. RECLAMACIÓN ECONÓMICO-ADMINISTRATIVA

A. Órganos, objeto y legitimación

Podrá reclamarse en *vía económico-administrativa* las siguientes materias: (i) la aplicación de los tributos y la imposición de sanciones tributarias que realicen la Administración General del Estado y las entidades de derecho público vinculadas o dependientes de la misma; (ii) la aplicación de los tributos cedidos por el Estado a las CCAA o de los recargos establecidos por éstas sobre tributos del Estado y la imposición de sanciones que se deriven de unos y otros; o (iii) cualquier otra que se establezca legalmente (art. 226 LGT).

B. Procedimiento general

1. *Procedimiento en primera o única instancia*

La reclamación económico-administrativa en única o primera instancia se interpondrá en el plazo de un mes a contar desde el día siguiente al de la notificación del acto impugnado, desde el día siguiente a aquél en que se produzcan los efectos del silencio administrativo o desde el día siguiente a aquél en que quede constancia de la realización u omisión de la retención o ingreso a cuenta, de la repercusión motivo de la reclamación o de la sustitución derivada de las relaciones entre el sustituto y el contribuyente (art. 235.1 LGT).

2. *Recursos de alzada*

Hay dos tipos del recurso de alzada en el derecho tributario: el ordinario (art. 241 LGT) y el extraordinario para la unificación de criterio (art. 242 LGT). El ordinario se aplica contra las *resoluciones dictadas en primera instancia por los tribunales económico-administrativos* ante el Tribunal Económico-Administrativo Central. Se ha de interponer dentro del plazo de un mes contado desde el día siguiente al de la notificación de las resoluciones (art. 241.1 LGT).

El recurso extraordinario de alzada, en cambio, se aplica contra las *resoluciones dictadas por los tribunales económico-administrativos* que no sean susceptibles de recurso de alzada ordinario por los Directores Generales del Ministerio de Hacienda o por los Directores de Departamento de la Agencia Estatal de Administración Tributaria respecto a las materias de su competencia, cuando estimen gravemente dañosas y erróneas dichas resoluciones, cuando no se adecuen a la doctrina del Tribunal Económico-Administrativo Central o cuando apliquen criterios distintos a los empleados por otros tribunales económico-administrativos regionales o locales (art. 242.1 LGT) (sólo hay dos tribunales locales, en Ceuta y en Melilla).

3. Recurso extraordinario de revisión

El recurso extraordinario de revisión podrá interponerse por los interesados contra los *actos firmes* de la AT y contra las *resoluciones firmes* de los órganos económico-administrativos cuando concurra alguna de las siguientes circunstancias (art. 244.1 LGT):

- Que *aparezcan documentos de valor esencial* para la decisión del asunto que fueran posteriores al acto o resolución recurridos o de imposible aportación al tiempo de dictarse los mismos y que evidencien el error cometido;
- Que al dictar el acto o la resolución *hayan influido esencialmente documentos o testimonios declarados falsos* por sentencia judicial firme anterior o posterior a aquella resolución.
- Que el acto o la resolución se hubiese dictado como *consecuencia de prevaricación, cohecho, violencia, maquinación fraudulenta u otra conducta punible* y se haya declarado así en virtud de sentencia judicial firme.

Todas estas causas también vienen enumeradas en el art. 118.1 LGT.

C. Procedimiento abreviado

El art. 245 LGT, en su primer apartado, establece los supuestos en que se aplica el procedimiento abreviado:

- Cuando sean de *cuantía inferior* a la que reglamentariamente se determine.
- Cuando se alegue exclusivamente la *inconstitucionalidad o ilegalidad* de normas.
- Cuando se alegue exclusivamente *falta o defecto de notificación*.
- Cuando se alegue exclusivamente *insuficiencia de motivación o incongruencia* del acto impugnado.
- Cuando se aleguen exclusivamente cuestiones relacionadas con la *comprobación de valores*.
- Cuando concurran otras *circunstancias previstas reglamentariamente*.

El procedimiento abreviado se inicia mediante escrito que contiene la identificación del reclamante y del acto o actuación contra el que se reclama, el domicilio para notificaciones y el tribunal ante el que se interpone (art. 246.1 LGT). El plazo máximo para notificar la resolución será de seis meses contados desde la interposición de la reclamación (art. 246.3 LGT).

D. Recurso contencioso-administrativo

Por fin, como todo acto administrativo que ponga fin a la vía administrativa, las resoluciones en el ámbito del derecho tributario que pongan fin a la vía económico-administrativa serán susceptibles de recurso contencioso-administrativo ante el órgano jurisdiccional competente (art. 249 LGT).

CUARTO.
LOS TRIBUTOS EN PARTICULAR

CAPÍTULO 1. EL SISTEMA TRIBUTARIO ESPAÑOL

I. LOS IMPUESTOS EN EL SISTEMA TRIBUTARIO ESPAÑOL

El derecho tributario es la rama de derecho que regula los impuestos, tributos como que contribuyen a los gastos públicos. Entre otros impuestos, vamos a analizar el Impuesto sobre la Renta de las Personas Físicas, el Impuesto sobre Sociedades (IS) y el Impuesto sobre el Valor Añadido (IVA). En lo actual, estos impuestos, como los demás, se rigen por las leyes estatales, las directivas comunitarias y los tratados de doble imposición.

II. CONTEXTOS

Los impuestos pueden ser de un contexto sociopolítico, histórico, internacional, económico, o jurídico. Es internacional cuando se lo impone por un tratado o institución internacional, como es el caso del IVA por la Unión Europea. Tiene que ver con acuerdos entre Estados que tienen como objetivo la libre circulación de bienes para atraer inversión y capital del extranjero.

El contexto es histórico en el caso de la póliza, o sello, que suele imponerse para la validez de documentos públicos. Sus raíces son puramente históricas, ya que no tiene ninguna razón de ser o justificación en el sistema actual.

III. CLASES

Hay varias clases de impuestos que se pueden destacar: los directos vs. los indirectos; los reales vs. los patrimoniales; los de productos vs. los de registro; y los impuestos individuales vs. los conjuntos.

A. Impuestos directos e indirectos

Los impuestos pueden clasificarse en directos e indirectos. El impuesto directo grava una *manifestación directa de la capacidad económica* del sujeto pasivo. Puede ser real (de una determinada renta) o patrimonial (sobre mobiliarios o inmobiliarios).

Será, por ejemplo, el Impuesto de la Renta sobre Personas Físicas; el Impuesto sobre la Renta de Sociedades; o el Impuesto sobre Sucesiones y Donaciones.

El impuesto indirecto, en cambio, grava una *manifestación indirecta de la capacidad económica* del sujeto pasivo: el consumo y los registros, que son transacciones de bienes que *ponen de manifiesto la capacidad contributiva* del sujeto pasivo. No pueden ser repercutidos a terceras partes. Son indirectos, por ejemplo, el derecho de hipotecas, el impuesto del sello (del timbre), impuestos sobre el consumo de especies determinados (tabaco, carbón, etc.), impuestos de aduanas y el IVA.

B. Otras clasificaciones

Otras clasificaciones al respecto son:

- *Pasivo vs. individual.* Mientras la tributación individual tiene como sujeto pasivo el individuo, la tributación conjunta grava a la familia como unidad. Es así con varios impuestos, como el Impuesto sobre las Rentas de las Personas Físicas (IRPF).
- *Personal vs. impersonal.* Para el impuesto personal, lo que es importante es la persona gravada; para el impuesto impersonal, lo que importa es un acto, divorciado del que lo realiza.
- *Subjetivo vs. objetivo.* La diferencia entre el impuesto subjetivo y el objetivo es que para el subjetivo, la cuota varía por las circunstancias personales del contribuyente (ej.: el IRPF). El importe del objetivo, en cambio, es independiente de la persona (ej.: el IVA o IP).

CAPÍTULO 2. IMPUESTO SOBRE LA RENTA DE LAS PERSONAS FÍSICAS

A. Concepto y Naturaleza

El Impuesto Sobre la Renta de las Personas Físicas (IRPF) es un tributo directo que grava el sujeto pasivo por su obtención de renta. La incidencia que tiene es enorme; es el pilar del sistema tributario español que representa el 45% de la renta financiera del Estado. Hay 17,000,000 declarantes que lo pagan. Recoge varios tributos que antes gravaban la renta por separado.

Ya que grava una fuente de la capacidad económica, es un impuesto personal que toma en consideración la situación personal del sujeto pasivo (tamaño de familia, la cantidad de la renta, etc.). Grava progresivamente el total de la renta obtenida por el sujeto pasivo según su capacidad y por tanto, es un impuesto progresivo. Ya que la cuota varía por las circunstancias personales del contribuyente, es también un impuesto subjetivo.

B. Objeto

El objeto del IRPF es gravar la renta del sujeto pasivo que reside en territorio español. Cualquier cosa que ingrese el sujeto pasivo es renta, salvo lo que está sujeto a donaciones y sucesiones. La renta equivale a la totalidad de: (i) los rendimientos, que equivalen a la suma de: (i) el trabajo; (ii) las actividades económicas; y (iii) el capital (mobiliario como inmobiliario); (ii) las ganancias y pérdidas patrimoniales; y (iii) las imputaciones de rentas. Se determina con independencia del lugar donde se hubiesen producido y cualquiera que sea la residencia del pagador (art. 2 LIRPF).

C. Ámbito espacial: dónde se exige

El IRPF se exige en todo el territorio español (art. 4.1 LIRPF), con excepción de los regímenes tributarios forales de concierto y convenio y de los tratados internacionales. Los regímenes forales en vigor son los de los Territorios Históricos del País Vasco y en la Comunidad Foral de Navarra (art. 4.2 LIRPF). En Canarias, Ceuta y Melilla, que tendrán en cuenta las especialidades previstas en su normativa específica y en la LIRPF (art. 4.3 LIRPF), los residentes pagan hasta 50% menos del resto del territorio español.

El IRPF se exige cuando la renta se obtiene dentro o fuera de España, cuando el contribuyente tenga su residencia habitual en España. El impuesto grava la totalidad de la renta mundial percibida, dondequiera se haya producido. Una de las posibles consecuencias es la doble imposición internacional de impuestos a un residente de España. Por tanto, lo establecido en la LIRPF se entenderá sin perjuicio de los convenios de doble imposición que rigen en más de cincuenta cinco países. Siguiendo el modelo establecido por la OCDE, permiten el no pago del IRPF en algunos supuestos de hecho. El IRPF se entenderá sin perjuicio de estos tratados y convenios internacionales (art. 5 LIRPF).

El IRPF se configura como impuesto cedido parcialmente a las CCAA (art. 3 LIRPF). Hay un rendimiento hasta 33%. La gestión se comparte entre el Estado y las CCAA a través de la Agencia Tributaria. Participan las CCAA a través de las comunidades de gestión.

D. Hecho imponible y exenciones: lo que grava el IRPF

1. El hecho imponible

Lo que el IRPF grava es la renta de las personas físicas, o, en su caso, de la unidad familiar, con consideración de la fuente de las rentas y de las circunstancias personales y familiares del sujeto pasivo. La renta gravada se determina por un período impositivo. La renta del contribuyente tiene cinco posibles fuentes: (i) los rendimientos del trabajo; (ii) los rendimientos del capital; (iii) los rendimientos de las actividades económicas; (iv) las ganancias y pérdidas patrimoniales; y (v) las imputaciones de renta que se establezcan por ley (art. 6.2 LIRPF). No está sujeta a la LIRPF la renta que se encuentre sujeta al Impuesto sobre Sucesiones y Donaciones (art. 6.4 LIRPF).

2. Las rentas exentas

La LIRPF, en su art. 7, establece una *lista cerrada* de exenciones. Hay tres categorías de exenciones: (i) las indemnizaciones; (ii) las prestaciones; y (iii) otras exenciones.

a. Las indemnizaciones

Las indemnizaciones implican que el contribuyente haya sufrido un daño. Son exentas: las prestaciones públicas extraordinarias por actos de terrorismo; las ayudas percibidas por los afectados por el virus de inmunodeficiencia humana; las pensiones reconocidas en favor de aquellas personas que sufrieron lesiones o mutilaciones con ocasión o como consecuencia de la Guerra Civil; las indemnizaciones como consecuencia de responsabilidad civil por daños personales; y las indemnizaciones por despido o cese del trabajador (art. 7.a a 7.z LIRPF).

b. Las prestaciones

El segundo bloque, las prestaciones, pueden ser sociales o familiares. Se integran por: las prestaciones reconocidas al contribuyente por la Seguridad Social o por las entidades que la sustituyan como consecuencia de *incapacidad permanente absoluta* o gran invalidez (este supuesto incluye las prestaciones reconocidas a los profesionales no integrados en el régimen especial de la Seguridad Social de los trabajadores por cuenta propia) (art. 7.f LIRPF); las pensiones por inutilidad o incapacidad permanente del régimen de *clases pasivas* (funcionarios públicos) (art. 7.g LIRPF); las prestaciones familiares reguladas en el Capítulo IX del Título II del texto refundido de la Ley General de la Seguridad Social; las prestaciones económicas percibidas de *instituciones públicas con motivo del acogimiento* de personas con discapacidad, mayores de 65 años o menores; ayudas de contenido económico a los *deportistas* de alto nivel; las *gratificaciones extraordinarias* satisfechas por el Estado español por la participación en misiones internacionales de paz o humanitarias; y prestaciones por desempleo reconocidas por la respectiva entidad gestora.

c. Otras exenciones

Por fin, hay toda una serie de supuestos que no pueden clasificarse, ni como indemnización, ni como prestación. Cabe destacar los siguientes: los premios relevantes, de loterías y apuestas (art. 7.ñ LIRPF); los rendimientos de trabajos realizados en el extranjero; los dividendos y planes individuales de ahorro; las subvenciones agrícolas y forestales; y la disposición de vivienda y cobertura hipotecas (art. 7 LIRPF).

E. Sujetos pasivos. Criterios de residencia habitual.

El sujeto pasivo del IRPF es la persona física que obtiene rentas mientras tiene su residencia habitual en España, sea cual sea su nacionalidad. Tiene residencia habitual en España el contribuyente que permanezca en España por más de 183 días en un año natural (art. 9.1.a LIRPF) y el contribuyente cuyos intereses económicos o núcleo principal radique en España (art. 9.1.b LIRPF). Se presume que tenga residencia español el contribuyente cuyo cónyuge no separado y los hijos menores de edad que dependan de aquél legalmente residan habitualmente en España (art. 9.1.b LIRPF). Por fin, las ausencias esporádicas tendrán por no producidas, salvo que el contribuyente acredite su residencia fiscal en otro país (art. 9.1.a LIRPF).

Además, el legislador ha establecido una serie de supuestos adicionales que son sujetos al IRPF español: los españoles que acrediten su nueva residencia fiscal en un país o territorio considerado como paraíso fiscal (art. 8.2 LIRPF); los españoles que tengan su residencia habitual en el extranjero por un cargo, empleo o función pública (art. 10 LIRPF) (recíprocamente, a tenor del art. 9.2, no se considerarán contribuyentes los nacionales extranjeros en España por funciones públicas); las personas físicas que tengan domicilio o residencia habitual en otro Estado de la UE y que obtengan 75 por ciento de sus rendimientos de trabajo y de actividades económicas en España (tienen la opción tributar al IRPF en España).

El art. 72 establece en qué CA es residente cada contribuyente. Depende de varios factores, como la permanencia, el centro de intereses y la última residencia.

Luego hay una opción por tributación conjunta (la unidad familiar) en el art. 82 (LIRPF). Si es miembro de una familia, el IRPF permite a que se suma todas las rentas y las tributa de forma conjunta. Es típicamente el caso de la unidad formada por los padres y sus hijos dependientes.

F. Criterios de sujeción: La residencia habitual

1. Concepto

Se considera residente habitual de España: (i) aquella persona que permanece más de 183 días durante el año natural en el territorio de España; o (ii) aquella persona cuyo núcleo principal o base de actividades se halla en España. La ley establece una presunción de residencia que admite pruebas en contra. Aunque no sean literalmente residentes habituales del territorio español, se consideran así los cónsules, funcionarios y empleados españoles destinados a oficinas diplomáticas y consulares al extranjero.

2. Residencia en una CA

Se considera que una persona reside en la CA en que se halle más días dentro del período impositivo. Existe una presunción permanece en una determinada CA cuando tenga su residencia habitual en dicha CA. Se trata de una presunción que admite pruebas en contrario. También se consideran residentes habituales de una CA aquellas personas que tengan su base económica en dicha CA.

G. Período impositivo y devengo

Por lo general, el período impositivo será el año natural y el devengo se produce el 31 de diciembre de cada año (art. 12 LIRPF). Pero si el contribuyente fallece en cualquier otro día del año, el período tributario se termina ese día. Será entonces del 1 de enero hasta el día del fallecimiento del contribuyente. El impuesto se devengará en ese día (art. 13 LIRPF).

H. Imputación temporal de las rentas

Con carácter general, los ingresos y gastos que determinan la renta a incluir en la base del impuesto se imputarán al período impositivo que corresponda, de acuerdo con los siguientes criterios:

- Los rendimientos. Los *rendimientos del trabajo* y *del capital* se imputarán al período impositivo en que sean exigibles por su perceptor. Los rendimientos de *actividades económicas* se imputarán conforme a lo dispuesto en las normas contables.
- Las ganancias y pérdidas patrimoniales. Se imputarán al período impositivo en que tenga lugar la alteración o incorporación patrimonial (art. 14.1 LIRPF).

Luego, hay una serie de reglas especiales al respecto. De la larga lista de supuestos enumerados, cabe destacar:

- Los importes de las rentas no satisfechas por encontrarse pendientes de resolución judicial se imputan al período impositivo en que adquiera *firmeza la resolución judicial*;
- Los rendimientos del trabajo percibidos en período distinto de aquel en que fueron exigibles, por causas no imputables al contribuyente y que no pendan de resolución se imputan al año en que fueron exigibles;
- Con respecto a las *operaciones a plazo* o con precio aplazado, el contribuyente podrá optar por imputar proporcionalmente las rentas obtenidas en tales operaciones, a medida que se hagan exigibles los cobros correspondientes; y
- La prestación por desempleo percibida en su modalidad *de pago único* podrá imputarse en cada uno de los períodos impositivos en que, de no haber mediado el pago único, se hubiese tenido derecho a la prestación (art. 14.2 LIRPF).

II. Determinación de la Renta Gravable

A. Base imponible: introducción

Con carácter general, la base imponible es la «magnitud dineraria o de otra naturaleza que resulta de la medición o valoración del hecho imponible» (art. 50.1 LGT). En el caso del IRPF, la base imponible se constituye por el importe de la renta del contribuyente (art. 15.1 LIRPF). Se determinará aplicando el art. 16 LIRPF, que indica los varios métodos de computación de la base imponible (estimación directa por lo general; estimación objetiva y estimación indirecta en algunos supuestos). Se determina en el Título III de la Ley.

Para el IRPF, la base imponible se constituye por el importe de la renta del contribuyente, tanto la renta general que se grava progresivamente) como la renta del ahorro (que se grava proporcionalmente) (*véase* art. 15.1 LIRPF).

B. La renta: clasificación y fuentes

Las fuentes de la renta son básicamente tres: (i) los rendimientos; (ii) las ganancias y pérdidas patrimoniales (que no tengan la consideración de renta del ahorro); y (iii) las imputaciones de renta (art. 45 LIRPF). Luego, veremos como éstos se clasifican entre la renta general y la renta del ahorro.

1. *Rendimientos del trabajo*

a. *Ingresos computables*

Los rendimientos íntegros del trabajo son «todas las contraprestaciones o utilidades, cualquiera que sea su denominación o naturaleza, dinerarias o en especie, que deriven, directa o indirectamente, del trabajo personal o de la relación laboral o estatutaria y no tengan el carácter de rendimientos de actividades económicas» (art. 17.1.I LIRPF). Los rendimientos del trabajo incluyen, por ejemplo: (i) los sueldos y salarios; (ii) las prestaciones por desempleo; (iii) las remuneraciones en concepto de gastos de representación; (iv) las dietas (hasta un límite); y (v) las aportaciones por planes de pensiones, entre otras prestaciones (art. 17.1 LIRPF).

Otros supuestos asimilados son: (i) las pensiones y prestaciones asimiladas (seguros colectivos, planes pensiones, etc.) (art. 17.2.a LIRPF); (ii) los rendimientos derivados de impartir cursos, conferencias, coloquios y seminarios (art. 17.2.c LIRPF); y (iii) los rendimientos derivados de derechos de autor (art. 17.2.d LIRPF), entre otros supuestos.

Queden excluidos de los rendimientos del trabajo los siguientes rendimientos cuando supongan la ordenación por cuenta propia de medios de producción y de recursos humanos o de uno de ambos: (i) los de conferencias y derechos de autor a que se refieren los apartados c y d del art. 17.2 LIRPF; (ii) los derivados de la relación laboral especial de los artistas en espectáculos públicos; y (iii) los derivados de la relación laboral especial de las personas que intervengan en operaciones mercantiles por cuenta de uno o más empresarios sin asumir el riesgo y ventura de aquéllas. En estos supuestos, los rendimientos se calificarán como rendimientos de actividades económicas (art. 17.3 LIRPF), ya que están organizadas por cuenta propia de los contribuyentes, que asumen del riesgo.

b. Retribuciones en especie

El art. 42.1.II LIRPF establece que no solamente la retribución dineraria, sino también la retribución en especie entra en el cálculo de la base imponible. Define retribuciones en especie como la utilización, consumo u obtención, para fines particulares, de bienes, derechos o servicios, de forma gratuita o subvencionada. Por tanto, las contraprestaciones, como viviendas, vehículos o seguros que el contribuyente recibe del pagador de sus rentas se gravan como si fueran rendimientos dinerarios del trabajo.

Luego la LIRPF, en su art. 42.2, enumera una serie de supuestos que no se consideran rendimientos del trabajo en especie y que, por tanto, no entran en la figura de rendimientos de trabajo. Los supuestos son: (i) la entrega a los trabajadores en activo de acciones de la empresa; (ii) las cantidades destinadas a la capacitación o reciclaje del personal empleado, cuando vengan exigidos por el desarrollo de sus actividades; (iii) las entregas a empleados de productos a precios rebajados que se realicen en cantinas de empresa (manutención); (iv) las cuotas satisfechas por la empresa en virtud de contrato de seguro de accidente laboral; y (v) la prestación de educación a los hijos de sus empleados, entre otros supuestos (art. 42.2 LIRPF).

Como regla general, las retribuciones en especia se valoran por su valor normal en el mercado, con algunas especialidades por la utilización de viviendas o vehículos, los préstamos con tipos de interés inferiores al legal, etc. (art. 43.1 LIRPF).

c. Rendimiento íntegro

Como ya mencionado, el rendimiento íntegro del trabajo equivale a «todas las contraprestaciones o utilidades, cualquiera que sea su denominación o naturaleza, dinerarias o en especie, que deriven, directa o indirectamente, del trabajo personal o de la relación laboral o estatutaria y no tengan el carácter de rendimientos de actividades económicas» (art. 17.1.I LIRPF).

d. Rendimiento neto

El rendimiento neto de los rendimientos del trabajo equivale a los ingresos computables (los ingresos íntegros) menos los gastos deducibles y las reducciones aplicables (véase art. 19.1 LIRPF).

i. Gastos deducibles (art. 19.2 LIRPF)

La LIRPF establece una lista cerrada de gastos deducibles. Esencialmente, hay dos ejes muy tasados: (i) las cotizaciones (y cuotas); y (ii) los gastos de defensa jurídica.

Las cotizaciones (y cuotas) se integran por cuatro supuestos: (i) las cotizaciones a la Seguridad Social o a mutualidades generales obligatorias de funcionarios; (ii) las detracciones por derechos pasivos; (iii) las cotizaciones a los colegios de huérfanos o entidades similares; y (iv) las cuotas satisfechas a sindicatos y colegios profesionales, cuando la colegiación tenga carácter obligatorio (art. 19.2.a a 19.2.d LIRPF).

Respecto a los gastos deducibles relativos a la defensa jurídica, son deducibles los gastos derivados de litigios suscitados en la relación del contribuyente con su empleador (pero solamente hasta 300 €) (art. 19.2.e LIRPF).

ii. Reducciones (art. 18 y 20 LIRPF)

De acuerdo con el art. 18.1 LIRPF, los rendimientos íntegros se computarán por lo general en su totalidad, salvo que les resulte de aplicación alguno de los porcentajes de reducción a los que se refieren los apartados 2 y 3 del art. 18 LIRPF. Se aplica una reducción de 40% por irregularidad a los rendimientos íntegros que tengan un período de generación superior a dos años y que no se obtengan de forma periódica o recurrente (art. 18.2 a 18.3 LIRPF). Por ejemplo, un empleado gana una prima de 100.000 € por sus cinco años de trabajo, no serán los 100.000 € sometidos a una tributación de 43%, sino los 60.000 €, equivalente a una reducción de 40%.

Luego el IRPF establece una reducción general por obtención de rendimientos netos del trabajo iguales o inferiores a 9.180 € (reducción de 4.080 € anuales) y por los que obtienen rendimientos superiores a 9.180 €, con reducciones inferiores a la de 4.080 € (art. 20.1 LIRPF). Este importe se incrementará por 100% por los trabajadores activos mayores de 65 años y por el traslado de su residencia por los desempleados inscritos en la oficina de empleo que acepten un puesto de trabajo (art. 20.2 LIRPF). Por fin, se aplica una reducción de 3.264 € anuales por la discapacidad de los trabajadores activos cuando (art. 20.3 LIRPF).

2. *Rendimientos del capital*

Los rendimientos íntegros del capital son la totalidad de las utilidades o contraprestaciones que provengan, directa o indirectamente, de elementos patrimoniales, bienes o derechos, cuya titularidad corresponda al contribuyente y no se hallen afectos a actividades económicas realizadas por éste. Pueden ser dinerarias o en especie, con cualquier denominación o naturaleza (art. 21.1 LIRPF). Existen dos tipos: los rendimientos del capital inmobiliario y los rendimientos del capital mobiliario.

a. *Los rendimientos del capital inmobiliario*

i. Concepto

Se trata de los rendimientos del capital provenientes de los bienes inmuebles, tanto rústicos como urbanos, que no se hallen afectos a actividades económicas realizadas por el contribuyente (art. 21.2.a LIRPF). Se consideran rendimientos íntegros procedentes de la titularidad de bienes inmuebles o de derechos reales que recaigan sobre ellos, todos los rendimientos que se deriven del arrendamiento, constitución o cesión de derechos o facultades de uso o disfrute sobre aquéllos (art. 22.1 LIRPF). Se computa como rendimiento íntegro el importe que por todos los conceptos deba satisfacer el adquirente, cesionario, arrendatario o subarrendatario (art. 22.2 LIRPF).

ii. Rendimiento neto

El rendimiento neto de los rendimientos del capital inmobiliario equivale a la diferencia entre los rendimientos íntegros del capital y los gastos deducibles y las reducciones. Los gastos deducibles son los necesarios para la obtención de los rendimientos (intereses, los tributos y servicios; los saldos de dudoso cobro, el mantenimiento, el deterioro) y las cantidades destinadas a la amortización del inmueble y de los demás bienes cedidos con éste (art. 23 LIRPF).

Respecto a las reducciones, existe una reducción general para viviendas. En los supuestos de arrendamiento de bienes inmuebles destinados a vivienda, el rendimiento neto se reducirá en un 50% (art. 23.2.1 LIRPF). La reducción será del 100%, cuando el arrendatario tenga una edad comprendida entre 18 y 35 años y unos rendimientos netos del trabajo o de actividades económicas en el período impositivo superiores al indicador público de renta de efectos múltiples (art. 23.2.2 LIRPF). Luego, hay una reducción de 40% para los rendimientos irregulares—los que tengan un período de generación superior a dos años, así como los que se califiquen reglamentariamente como obtenidos de forma notoriamente irregular en el tiempo (art. 23.3 LIRPF).

iii. Rendimientos imputados

Como luego veremos en más detalle en el apartado sobre los regímenes especiales de las rentas, los rendimientos se imputan por la propiedad de segundas viviendas desocupadas (art. 85 LIRPF). Las tasas son de 2% o 1,1 %, dependiendo de las circunstancias.

iv. Rendimiento en caso de parentesco

Cuando el adquirente, cesionario, arrendatario o subarrendatario del bien inmueble o del derecho real que recaiga sobre el mismo sea el cónyuge o un pariente, incluidos los afines, hasta el tercer grado inclusive, del contribuyente, el rendimiento neto total no podrá ser inferior al que resulte de las reglas del art. 85 LIRPF (2% o 1,1%, según las circunstancias) (art. 24 LIRPF).

b. *Los rendimientos del capital mobiliario*

i. Concepto

Los rendimientos del capital mobiliario, en cambio, son todos los rendimientos, dinerarios o en especie, derivados de bienes y derechos de naturaleza mobiliaria, que no se encuentren afectos a actividades económicas realizadas por el contribuyente (art. 21.2.b LIRPF). Se incluyen:

-   los obtenidos por la participación en los fondos de cualquier tipo de entidad (dividendos, primas, otras utilidades procedentes de una entidad por la condición de socio, accionista, o partícipe, etc.) (art. 25.1 LIRPF) (*nota bene:* el art. 7.y establece una exención hasta los 1.500 € anuales para los dividendos y participaciones en beneficios a que refiere el art. 25.1 a y b LIRPF. Esta exención no se aplica a los intereses del art. 25.2 LIRPF);

- los obtenidos por la cesión a terceros de capitales propios (intereses) (art. 25.2 LIRPF);

- los procedentes de operaciones de capitalización, de contratos de seguro de vida o invalidez y de rentas derivadas de la imposición de capitales (art. 25.3 LIRPF); y

- los que pertenecen a la lista cerrada de otros supuestos del art. 25.4 LIRPF, si no se encuentren afectos a actividades económicas. Son: (i) los procedentes de la PI (cuando el contribuyente no sea el autor) y de la propiedad industrial; (ii) los procedentes de la prestación de asistencia técnica; (iii) los del arrendamiento de bienes muebles, negocios o minas; y (iv) los procedentes de la cesión del derecho a la explotación de la imagen.

No son rendimientos de capital mobiliario las contraprestaciones obtenidas por el contribuyente por el aplazamiento o fraccionamiento del precio de las operaciones realizadas en desarrollo de su actividad económica habitual (art. 25.5 LIRPF).

ii. Rendimiento neto

El rendimiento neto de los rendimientos del capital mobiliario equivale a la diferencia entre los rendimientos íntegros del capital y los gastos deducibles y las reducciones. Los gastos deducibles son exclusivamente: (i) los gastos de administración y depósito de valores negociables (no de asesoramiento); y (ii) los gastos necesarios en casos de asistencia técnica y arrendamiento (art. 26.1 LIRPF).

Las reducciones aplicables son el 40% por los rendimientos netos del capital mobiliario previstos en la lista cerrada del art. 25.4 LIRPF, cuando tengan un período de generación superior a dos años o que se califiquen reglamentariamente como obtenidos de forma notoriamente irregular en el tiempo (art. 26.2.I LIRPF). Además, se aplica una reducción de 40% a 75% en seguros para la transitoriedad del régimen de reducciones (Disp. Trans. 2a, 4a y 5a).

3. *Rendimientos de actividades económicas*

a. *Concepto*

Se trata de las actividades empresariales o los ejercicios de actividades profesionales, artísticas o deportivas que implican dos elementos esenciales: (i) que el contribuyente ordene por cuenta propia de medios de producción y de recursos humanos (o de uno de ambos); y (ii) que asuma el riesgo de la actividad (*véase* art. 27.1 LIRPF). Incluye además el arrendamiento de inmuebles cuando la actividad se cuente con al menos un local exclusivamente destinado a llevar a cabo la actividad y se utilice, al menos, una persona empleada con contrato laboral y a jornada completa (art. 27.2 LIRPF). En estos supuestos, los rendimientos serán calificados no como rendimientos del trabajo, sino como rendimientos de actividades económicas.

b. *Rendimiento íntegro (art. 27 LIRPF)*

Son rendimientos íntegros de actividades económicas las que, procediendo del trabajo personal y del capital conjuntamente, o de uno solo de estos factores, supongan por parte del contribuyente la ordenación por cuenta propia de medios de producción y de recursos humanos o de uno de ambos, con la finalidad de intervenir en la producción o distribución de bienes o servicios (art. 27.1.II LIRPF). Tienen esta consideración los rendimientos de las actividades extractivas, de fabricación, comercio o prestación de servicios, incluidas las de artesanía, agrícolas, forestales, ganaderas, pesqueras, de construcción, mineras y el ejercicio de profesiones liberales, artísticas y deportivas (art. 27.1.II LIRPF). Deben concurrir las siguientes circunstancias: (i) que en el desarrollo de la actividad se cuente, al menos, con un local exclusivamente destinado a llevar a cabo la gestión de la actividad; y (ii) que para la ordenación de la actividad se utilice, al menos, una persona empleada con contrato laboral y a jornada completa (art. 27.2 LIRPF).

c. Rendimiento neto (arts. 28 a 31 LIRPF)

i. Reglas generales (art. 28 LIRPF)

Como regla general, el rendimiento neto de los rendimientos de actividades económicas equivale a la diferencia entre el rendimiento íntegro y los gastos deducibles y reducciones. El rendimiento neto se determinará según las normas del IS, sin perjuicio de las reglas especiales contenidas en los arts. 28 (reglas generales), art. 30 (estimación directa) y art. 31 LIRPF (estimación objetiva) (art. 28.1 LIRPF). Para la determinación del rendimiento neto de las actividades económicas, no se incluirán las ganancias o pérdidas patrimoniales derivadas de los elementos patrimoniales afectos a las mismas, que se cuantificarán separadamente como ganancias y pérdidas patrimoniales (art. 28.2 LIRPF).

Hay dos sistemas de computación: (i) el de la estimación directa; y (ii) el de la estimación objetiva familiar.

ii. Rendimiento neto en estimación directa (art. 30 LIRPF)

El sistema directo para la computación del rendimiento neto se aplica como regla general. El rendimiento neto equivale a la diferencia entre ingresos y gastos en el sistema de estimación directa, que tiene dos modalidades: la normal y la simplificada (art. 30.1.I LIRPF). La *modalidad simplificada* se aplicará para determinadas actividades económicas cuyo importe neto de cifra de negocios, para el conjunto de actividades desarrolladas por el contribuyente, no supere los 600.000 € en el año inmediato anterior, salvo que renuncie a su aplicación, en los términos que reglamentariamente se establezcan (art. 30.1.II LIRPF).

En los supuestos de renuncia o exclusión de la modalidad simplificada del método de estimación directa, el contribuyente determinará el rendimiento neto de todas sus actividades económicas por *la modalidad normal* durante los tres años siguientes (art. 30.1.III LIRPF).

iii. Rendimiento neto en estimación objetiva (art. 31 LIRPF)

En el sistema de estimación objetiva de rendimientos se rige por reglamentos establecidos, que gobiernan los contribuyentes que reúnan las circunstancias de este método y las normas para la determinación de los rendimientos de actividades económicas. Pueden renunciar a su aplicación, en los términos que reglamentariamente se establezcan (art. 31.1.1 LIRPF). No se aplicará este método cuando el volumen de rendimientos íntegros en el año inmediato anterior supere 450.000 € para el conjunto de actividades económicas o 300.000 por actividades agrícolas o ganaderas (art. 31.1.3.b LIRPF).

Si el contribuyente renuncia o se excluye de la estimación objetiva, determinará el rendimiento neto de todas sus actividades económicas por el método de estimación directa durante los *tres años siguientes* (art. 31.1.5 LIRPF).

d. Elementos afectos (art. 29 LIRPF)

Según el art. 29 LIRPF, se consideran elementos patrimoniales afectos a una actividad económica: (i) los bienes inmuebles en los que se desarrolla la actividad del contribuyente; (ii) los bienes destinados a los servicios económicos y socioculturales del personal al servicio de la actividad; y (iii) cualesquiera otros elementos patrimoniales que sean necesarios para la obtención de los respectivos rendimientos (art. 29.1 LIRPF).

e. Reducciones (art. 32 LIRPF)

Hay una reducción de 40 % para los rendimientos netos con *irregularidad*. Se trata de los rendimientos con un período de generación superior a dos años y aquéllos que se califiquen reglamentariamente como obtenidos de forma notoriamente irregular en el tiempo (art. 32.1.I LIRPF). Otro supuesto que da lugar a reducciones es la *discapacidad*, que corresponde a una reducción de 3.264 € anuales (art. 32.2.1.II LIRPF). También, existe una reducción cuando la totalidad de las prestaciones de servicios se efectúan a única persona («*monoclientes*») (art. 32.2.2 LIRPF).

4. Ganancias y pérdidas patrimoniales

a. Lo que se califica como ganancia o pérdida patrimonial

Las ganancias y pérdidas patrimoniales son las variaciones en el valor del patrimonio del contribuyente no calificable como rendimiento. Se pongan de manifiesto con ocasión de cualquier alteración positiva o negativa en la composición del patrimonio (art. 33.1 LIRPF). Hay básicamente dos tipos: (i) las plusvalías y minusvalías; y (ii) las otras ganancias y pérdidas patrimoniales. Este último grupo supone incorporaciones de bienes o derechos al patrimonio del contribuyente cuando no resulten sujetos al Impuesto sobre Sucesiones y Donaciones (en el primer grupo, en cambio, sí puede clasificarse como minusvalía si el contribuyente hace una donación de una parte de su patrimonio a título gratuito). Son, por ejemplo, los premios no exentos, las ganancias del juego, la adquisición de propiedad por usucapión, etc.

b. Lo que no se califica como ganancia o pérdida patrimonial o que está exenta

Se estimará que no existe alteración en la composición del patrimonio en (i) los supuestos de división de la cosa común; (ii) la disolución de la sociedad de gananciales o en la extinción del régimen económico matrimonial de participación; y (iii) la disolución de comunidades de bienes o en los casos de separación de comuneros (art. 33.2 LIRPF).

Además, se estimará que no existe ganancia o pérdida patrimonial cuando: (i) la *reducción del capital*; (ii) las *transmisiones lucrativas por causa de muerte* del contribuyente; (iii) las *transmisiones lucrativas de empresas*; (iv) la *extinción del régimen económico matrimonial de separación* de bienes; (v) las aportaciones a los *patrimonios protegidos constituidos a favor de personas con discapacidad* (art. 33.3 LIRPF).

Están exentas del IRPF las donaciones que se efectúen a las entidades citadas en el art. 68.3 IRPF (entidades sin fines lucrativos y de los incentivos fiscales al mecenazgo); las ganancias con ocasión de la transmisión de su vivienda habitual por ciertos individuos; y las con ocasión del pago previsto en el art. 97.3 LIRPF y de las deudas tributarias (art. 33.4 LIRPF). Asimismo, no se consideran pérdidas las pérdidas no justificadas; las debidas al consumo; las debidas a pérdidas en el juego, las debidas al consumo, etc. (art. 33.5 LIRPF).

c. Cálculo

El importe de las ganancias y pérdidas se calcula conforme al art. 34 LIRPF, que establece dos supuestos. El primero se aplica en los casos de transmisión onerosa o lucrativa. El importe será la diferencia entre los *valores de adquisición* y los *valores de transmisión* de los elementos patrimoniales, *menos amortizaciones* (coeficientes en inmuebles) (art. 34.1.a, 35 y 36 LIRPF). Por ejemplo, si el sujeto compra una casa por 100.000 € y luego lo vende por 150.000 €, el importe de la ganancia patrimonial será igual a 50.000 €. Si tiene 20.000 € de amortizaciones, el importe será de 30.000 €.

En el resto de supuestos, el importe de las ganancias y pérdidas patrimoniales equivaldrá al valor de mercado de los elementos patrimoniales o partes proporcionales, en su caso (art. 34.1.b LIRPF). Luego, el art. 37 LIRPF establece una serie de normas específicas de valoración (cuando la alternación en la composición del patrimonio procede de la transmisión a título oneroso de valores admitidos a negociación, etc.).

d. Ganancias patrimoniales no justificadas

Las ganancias patrimoniales no justificadas son: (i) *los bienes o derechos cuya tenencia, declaración o adquisición no se corresponda con la renta o patrimonio declarados por el contribuyente*, así como la inclusión de *deudas inexistentes en cualquier declaración por el IRPF* o por el Impuesto sobre el Patrimonio (art. 39.I LIRPF).

Las ganancias patrimoniales no justificadas se imputan en la *base liquidable general* del período impositivo, *salvo que el contribuyente pruebe suficientemente que ha sido titular de los bienes o derechos correspondientes desde una fecha anterior* a la del período de prescripción (art. 39.II LIRPF).

5. *Regímenes especiales: la imputación y la atribución de rentas*

a. Concepto

Además, las rentas imputadas establecidas por la ley contribuyan al importe del impuesto que hay que pagar. No se trata de una renta que el sujeto obtiene directamente, sino lo que se le atribuye. La LIRPF establece una serie de regímenes especiales por un grupo de supuestos en su Título X. Son principalmente: (i) la imputación de rentas inmobiliarias y de atribución de rentas; (ii) la transparencia fiscal internacional; (iii) la imputación de rentas por la cesión de derechos de imagen. Además, hay otros supuestos que no surgen tanto como los ya mencionados. Son los del trabajador desplazado (art. 93 LIRPF) y de la inversión colectiva (arts. 94 a 95 LIRPF)

b. Supuestos de imputación y atribución de rentas

i. La imputación de rentas inmobiliarias (art. 85 LIRPF)

Se trata de una renta ficticia que se imputa al contribuyente por la Ley, incluso si las rentas imputados no existen y los inmuebles generan gastos o cargas al contribuyente. Se aplica a los bienes inmuebles urbanos y rústicos con construcciones que no resulten indispensables para el desarrollo de explotaciones agrícolas, ganaderas o forestales. Se imputa la cantidad que resulte de aplicar el 2% al valor de la propiedad, determinándose proporcionalmente al número de días que corresponda en cada período impositivo (art. 85 LIRPF). Por ejemplo, si el contribuyente tiene una segunda vivienda, incluso si no está alquilada, en la declaración de la renta, habrá de incluir el 1,1% del valor del mueble, o el 2% si no ha sido sujeto de revisión.

ii. La atribución de rentas (arts. 86 a 90 LIRPF)

El régimen de atribución de rentas se aplica a las sociedades civiles, las herencias yacentes, comunidades de bienes y demás entidades que, carentes de personalidad jurídica, constituyan una unidad económica o un patrimonio separado susceptibles de imposición.

iii. Régimen de transparencia fiscal internacional (art. 91 LIRPF)

Es una reacción del legislador a la interposición de sociedades que, empleando paraísos fiscales, generan la elusión de impuestos o difieren su pago. La LIRPF/1978 imputa los rendimientos de ciertas sociedades a sus socios, y las sociedades dejan de ser sujetas al IS (art. 91 LIRPF).

iv. Cesión de derechos de imagen (art. 92 LIRPF)

El legislador ha introducido un régimen especial para la cesión del derecho a la explotación de la imagen. Se imputan al contribuyente las contraprestaciones obtenidas a un tercero por la cesión del derecho a la imagen del contribuyente. Se imputa las rentas cuando: (i) el contribuyente ceda sus derechos a la explotación de su imagen a un tercero; (ii) el contribuyente preste sus servicios a una persona o entidad en el ámbito de una relación laboral; y (iii) la persona o entidad con la que el contribuyente mantenga la relación laboral obtenga la cesión del derecho a la explotación o el consentimiento o autorización para la utilización de la imagen de la persona física (art. 92.1 LIRPF).

C. Base imponible general y base imponible por ahorro

1. Concepto

Después de haber determinado las distintas fuentes de la renta neta del sujeto pasivo (los rendimientos del trabajo, del capital y de las actividades económicas, así como las imputaciones de renta y las ganancias y pérdidas patrimoniales), se procederá a la integración y compensación de las diferentes rentas según su origen, clasificándolas como renta imponible general o renta imponible del ahorro (art. 15.2.3 IRPF), dando lugar a la base imponible general y la base imponible del ahorro. Una vez clasifica la renta como renta general o renta del ahorro, habrán dos bases imponibles: la base imponible general y la base imponible del ahorro.

2. Base imponible general (art. 45 LIRPF)

Las rentas que se clasifican en la base imponible general se gravan progresivamente. Son cinco las fuentes que integran la renta general:

- *Rendimientos del trabajo*. Se clasifican íntegramente como renta imponible general.
- *Rendimientos del capital*. Se trata de todos los rendimientos del capital inmobiliario y ciertos los rendimientos del capital mobiliario enumerados en el art. 25.4 LIRPF.
- *Rendimientos de actividades económicas*. Se clasifican íntegramente todos los rendimientos de actividades económicas en la casilla de la renta imponible general.
- *Ganancias y pérdidas patrimoniales*. Mientras las plusvalías y minusvalías se clasifican en la casilla de la renta del ahorro, las otras ganancias y pérdidas patrimoniales que suponen incorporaciones de bienes o derechos al patrimonio del contribuyente (no sujetas al Impuesto sobre Sucesiones y Donaciones) se clasifican en la casilla de la renta imponible general (ej.: los premios no exentos, las ganancias del juego, la adquisición de propiedad por usucapión, etc.).
- *Imputaciones de renta*. Las imputaciones de renta de los arts. 85, 91, 92 y 95 LIRPF se clasifican como renta general.

3. Base imponible por ahorro (art. 46 LIRPF)

Mientras la base imponible general se graba progresivamente, la base imponible por ahorro se graba proporcionalmente: todas las rentas en esta casilla se graban al 18%. La base imponible por ahorro se integra por:

- *Rendimientos del capital*. Ciertos rendimientos del capital *mobiliario* integran la base imponible del ahorro. Se trata de los supuestos del art. 25.1 a 25.3 LIRPF: (i) los obtenidos por la participación en los fondos de cualquier tipo de entidad (dividendos, primas, etc.); (ii) los obtenidos por la cesión a terceros de capitales propios (intereses); y (iii) los procedentes de operaciones de capitalización, de contratos de seguro de vida o invalidez y de rentas derivadas de la imposición de capitales. Solo se excluye los rendimientos de la lista cerrado del art. 25.4 LIRPF.
- *Ganancias y pérdidas patrimoniales*. No todas las ganancias y pérdidas patrimoniales se clasifican en la base imponible por ahorro. Las que caben en esta casilla son las plusvalías y las minusvalías, y no las otras ganancias y pérdidas (que se califican en la casilla de la renta imponible general).

D. Integración y compensación de rentas en la base imponible general

Para el cálculo de la base imponible, las cuantías positivas o negativas de las rentas del contribuyente se integrarán y compensarán en las dos partes de la base imponible: (i) la base imponible general; y (ii) la base imponible del ahorro (art. 47 LIRPF).

Para calcular la base imponible general, las rentas se integran y se compensan conforme al art. 48 LIRPF, que establece que la base imponible general será el resultado de sumar en cada período impositivo: (i) el *saldo resultante* de integrar y compensar entre sí los rendimientos y las imputaciones del art. 45 LIRPF (fuentes de la base imponible general); y (ii) el *saldo positivo resultante* de integrar y compensar las ganancias y pérdidas patrimoniales, excluidas las que se computan el la base imponible del ahorro. Si el saldo resultante de integrar y compensar las ganancias y pérdidas patrimoniales de la base general es negativo, su importe se compensará con el saldo positivo de los rendimientos e imputaciones, con el límite de 25% de este último saldo. Si tras dicha compensación quedase saldo negativo, su importe se compensará en los cuatro años siguientes.

La base imponible del ahorro está constituida por el saldo positivo de sumar: (i) los rendimientos del capital mobiliario; y (ii) las plusvalías y minusvalías patrimoniales previstos en el art. 46 LIRPF (art. 49 LIRPF).

III. BASE LIQUDABLE Y LOS MÍNIMOS EXENTOS

A. Base liquidable

1. *Visión global*

Con carácter general, la base liquidable es la magnitud resultante de practicar en la base imponible las reducciones establecidas en la Ley (art. 54 LGT). En el caso del IRPF, las reducciones más o menos se dividen entre dos capítulos establecidos en los arts. 51 a 55 LIRPF: (i) las reducciones por atención *situaciones de dependencia y envejecimiento*; y (i) las reducciones por atención a *pensiones compensatorias*. Aplicar las reducciones a la base imponible general y la base imponible del ahorro dará lugar a las dos bases liquidables: la base liquidable general y la base liquidable del ahorro (*véase* art. 50.1 a 50.2 LIRPF). Respecto a ambas, si la base liquidable general resultase negativa, su importe podrá ser compensado con los de las bases liquidables generales positivas que se obtengan en los cuatro años (ejercicios) siguientes (art. 50.3 LIRPF).

2. *Base liquidable general (art. 50.1 LIRPF)*

La base liquidable general está constituida por el resultado de practicar en la base imponible general, sin que pueda resultar negativa como consecuencia de las disminuciones, las reducciones a que se refieren los arts. 51, 53-55, 61 bis y disposición adicional undécima LIRPF (art. 50.1 LIRPF). Las reducciones pueden clasificarse en tres categorías: (i) la reducción por situaciones de dependencia y envejecimiento (previsión social, incapacitación); (ii) la reducción por pensiones compensatoria; y (iii) la reducción por aportaciones a partidos políticos.

a. *Reducción por situaciones de dependencia y envejecimiento (arts. 51 a 54 LIRPF)*

Se trata concretamente de dos supuestos: (i) la previsión social; y (ii) las reducciones relativas a los discapacitados.

i. Reducciones por previsión social (art. 51 a 52 LIRPF; disposición adicional 11ª)

El art. 51 LIRPF rige las reducciones por aportaciones y contribuciones a sistemas de *previsión social*. Se trata de los siguientes supuestos: (i) los planes de pensiones (art. 51.1 LIRPF); (ii) las *mutualidades de previsión* social (art. 51.2

LIRPF); (iii) las primas satisfechas a los planes de *previsión asegurados* (art. 51.3 LIRPF); (iv) los planes de previsión *social empresarial* (art. 51.4 LIRPF); y (v) las primas satisfechas a los *seguros* privados que cubran exclusivamente el riesgo de *dependencia* (art. 51.5 LIRPF). El art. 52 establece los límites de las reducciones del art. 51 y la disposición adicional undécima establece las reducciones por aportaciones a *mutualidades de previsión social* de *deportistas profesionales* de alto nivel.

ii. Reducciones relativas a los discapacitados (arts. 53 a 54 LIRPF)

Los arts. 53 y 54 LIRPF rigen las reducciones relativas a los discapacitados. Se trata de reducciones por *previsión social* de los *discapacitados* (art. 53 LIRPF); y (ii) reducciones por aportaciones a *patrimonios protegidos* de los *discapacitados* (art. 54 LIRPF).

b. *Reducción por pensiones compensatorias (art. 55 LIRPF)*

El art. 55 LIRPF establece que las pensiones compensatorias a favor del cónyuge y las anualidades por alimentos (con excepción de las fijadas en favor de los hijos del contribuyente propio), *satisfechas por decisión judicial*, podrán ser objeto de reducción en la base imponible. Él que paga una pensión compensatoria podrá reducir su base imponible por su importe; él que recibe la pensión no será exento de su grabación, ya que la pensión se clasifica como rendimiento de trabajo del que recibe. En la misma manera, las anualidades por alimentos, con excepción de las fijadas en favor de los hijos del contribuyente, pueden ser objeto de la reducción de la base imponible del que paga (art. 55 LIRPF).

Las anualidades por alimentos a favor de los hijos del contribuyente, en cambio, no pueden ser objeto de la reducción de la base imponible del que paga. Será clasificable como renta del padre. Serán exentos de la tributación los hijos que reciben las anualidades.

c. *Reducción por aportaciones a partidos políticos*

Por fin, el art. 50.1 LIRPF se refiere al art. 61 bis LIRPF para establecer una última reducción para la determinación de la base liquidable general: la reducción por cuotas y aportaciones a partidos políticos, que conlleva límite máximo de 600 € anuales.

3. *Base liquidable del ahorro (art. 50.2 LIRPF)*

La base liquidable del ahorro será el resultado de disminuir la base imponible del ahorro en el remanente de la reducción prevista en los arts. 55 y 61 bis, sin que pueda resultar negativa como consecuencia de tal disminución (art. 50.2 LIRPF). Se trata de: (i) las reducciones por pensiones compensatorias (art. 55 LIRPF, *véase supra.*, «Base liquidable general»); y (ii) la reducción por cuotas y aportaciones a partidos políticos, con límite máximo de 600 € anuales (art. 61 bis LIRPF).

B. Mínimo exento de la base liquidable

1. *Mínimo exento personal y familiar: concepto*

Conforme al objetivo de la LIRPF de mejorar la equidad y favorecer el crecimiento económico (Preámbulo, II. Objetivos y aspectos relevantes de la reforma), no se grava la parte de la base liquidable que se destina a satisfacer las necesidades básicas personales (el mínimo personal) y familiares (el mínimo familiar) del contribuyente (art. 56.1 LIRPF). Esa parte de la base liquidable, que está *exenta* del gravamen, se rige por los arts. 56 a 61bis LIRPF.

Si la base liquidable general es superior al importe del mínimo personal y familiar, todo el mínimo exento formará parte de la base liquidable general (art. 56.2.I LIRPF). Si, en cambio, la base liquidable general es inferior al mínimo personal y familiar, el mínimo personal y familiar formará parte de la base liquidable general por el importe de ésta y formará parte de la base liquidable del ahorro por el resto (art. 56.2.II LIRPF). Si no existe base liquidable general, el importe total del mínimo personal y familiar formará parte de la base liquidable del ahorro (art. 56.2.III LIRPF). No puede superar el mínimo personal y familiar la suma de la base liquidable general y de la base liquidable del ahorro.

2. *Cálculo del mínimo exento*

El mínimo exento de la base liquidable equivale al resultado de sumar: (i) el mínimo del contribuyente; (ii) el mínimo por descendientes; (iii) el mínimo por ascendientes; y (iv) discapacidad a que se refieren los arts. 57 a 60 LIRPF (art. 56.3 LIRPF).

a. *Mínimo del contribuyente (art. 57 LIRPF)*

El mínimo del contribuyente será de 5.151 € anuales, aumentado en 918 € anuales cuando el contribuyente tenga una edad superior a 65 años, y en 1.122 € anuales adicionalmente si la edad es superior a 75 años.

b. *Mínimo por descendientes (art. 58 LIRPF)*

El mínimo por descendientes por cada uno de ellos menor de veinticinco años o con discapacidad cualquiera que sea su edad, que conviva con el contribuyente y no tenga rentas anuales superiores a 8.000 € (excluidas las exentas), será de: 1.836 € anuales por el primero; 2.040 € anuales por el segundo; 3.672 € anuales por el tercero; y 4.182 € anuales por el cuarto y siguientes. Estos mínimos exentos incluyen las personas vinculadas al contribuyente por tutela y acogimiento. Cuando el descendiente sea menor de tres años, el mínimo se aumentará en 2.244 € anuales (art. 58 LIRPF).
En los supuestos de adopción o acogimiento, dicho aumento se producirá, con independencia de la edad del menor, en el período impositivo en que se inscriba en el Registro Civil y en los dos siguientes. Cuando la inscripción no sea necesaria, el aumento se podrá practicar en el período impositivo en que se produzca la resolución judicial o administrativa correspondiente y en los dos siguientes (art. 58.2.II LIRPF).

c. *Mínimo por ascendientes (art. 59 LIRPF)*

El mínimo por ascendientes por cada uno de ellos mayor de 65 años o con discapacidad cualquiera que sea su edad, que conviva con el contribuyente y no tenga rentas anuales superiores a 8.000 € (excluidas las exentas), será de 918 € anuales (art. 59.1 LIRPF). Cuando el ascendiente sea mayor de 75 años, el mínimo se aumentará en 1.122 € anuales (art. 59.2 LIRPF). Se considerará que conviven con el contribuyente los ascendientes discapacitados que dependan del contribuyente cuando sean internados en centros especializados (art. 59.1.II LIRPF). Para la aplicación del mínimo por ascendientes, será necesario que convivan con el contribuyente, al menos, la mitad del período impositivo (art. 61.5 LIRPF).

d. Mínimo por discapacidad (art. 60 LIRPF)

El mínimo exento del contribuyente, por descendientes y por ascendientes se aumenta cuando alguno de ellos sufra una discapacidad. En este caso, el mínimo será la suma del mínimo por discapacidad del contribuyente y del mínimo por discapacidad de ascendientes y descendientes (art. 60.I LIRPF).

El mínimo por discapacidad del contribuyente será de 2.316 € anuales cuando sea una persona con discapacidad y 7.038 € anuales cuando sea una persona con discapacidad y acredite un grado de minusvalía igual o superior al 65 %. El mínimo se aumentará en 2.316 € anuales en concepto de gastos de asistencia cuando acredite necesitar ayuda de terceras personas o movilidad reducida, o un grado de minusvalía igual o superior al 65 % (art. 60.I.1 LIRPF).

El mínimo por discapacidad de ascendientes o descendientes también será de 2.316 € anuales por cada uno de los descendientes o ascendientes, cualquiera que sea su edad, y de 7.038 € anuales, por cada uno de ellos que acrediten un grado de minusvalía igual o superior al 65 %. De la misma manera, el mínimo exento se aumentará, en concepto de gastos de asistencia, en 2.316 € anuales por cada ascendiente o descendiente que acredite necesitar ayuda de terceras personas o movilidad reducida, o un grado de minusvalía igual o superior al 65 % (art. 60.I.2 LIRPF).

e. Mínimo exento en los supuestos de anualidades por alimentos a favor de los hijos (art. 64 LIRPF)

No todas las normas que establecen mínimos exentos se encuentran en el Título V LIRPF. También existe una exención en los supuestos de anualidades por alimentos a favor de los hijos que se establece en el Título VI, al calcular la cuota estatal, que equivale a 1.600 € (art. 64 LIRPF) y en el Título VII, al calcular la cuota autonómica, que también equivale a 1.600 € (art. 75 LIRPF).

f. Normas comunes para el mínimo por descendientes, ascendientes y discapacidad (art. 61 LIRPF)

Cuando varios contribuyentes tienen derecho a la aplicación de por ascendientes, la LIRPF da preferencia a los contribuyentes de grado más cercano, salvo que éstos no tengan rentas anuales, excluidas las exentas, superiores a 8.000 €, en cuyo caso corresponderá a los del siguiente grado. En caso de idéntico parentesco, el importe del mínimo se prorrateará entre ellos por partes iguales (art. 61.1 LIRPF). No se aplicará el mínimo por descendientes, ascendientes o discapacidad, cuando los ascendientes o descendientes presenten declaración por este Impuesto con rentas superiores a 1.800 € (art. 61.2 LIRPF).

C. La cuota: la cuantificación de la deuda tributaria:

1. Introducción general a las cuotas

La cuota íntegra es el resultado de aplicar a la base liquidable los *tipos determinados en la tarifa del impuesto*. Existe una parte estatal y otra autonómica, o complementaria del tributo. La cuota estatal está formada por la suma de: (i) la base liquidable general; y (ii) la especial. Respecto a la cuota íntegra autonómica, o complementaria, las normas reguladores de la cesión de tributos a las CCAA atribuyen a las CCAA la facultad normativa para elaborar los gravámenes autonómicos.

La cuota líquida total se refiere a la suma de las cuotas líquidas estatales y autonómicas. La cuota líquida estatal equivale a la cuota íntegra estatal menos las deducciones establecidas en el art. 67.1 LIRPF. La cuota líquida autonómica equivale a la cuota íntegra autonómica menos las deducciones establecidas en el art. 77.1 LIRPF.

Partiendo de la base de la cuota líquida total, se establece la cuota diferencial por minorar la cuota líquida total en las deducciones establecidas en el art. 79 y ss. LIRPF.

2. La cuota estatal

a. Determinación de la cuota íntegra estatal (art. 62 LIRPF)

i. Concepto

La cuota íntegra estatal equivale a la suma de las cantidades resultantes de aplicar a las *bases liquidables general* y del *ahorro* los tipos de gravamen que corresponden al Estado. Se rigen por los arts. 63 a 65 (la cuota estatal aplicable a la base liquidable general) y el art. 66 LIRPF (la cuota estatal aplicable a la base liquidable del ahorro) (art. 62 LIRPF).

ii. La cuota estatal íntegra aplicable a la base liquidable general (art. 63 a 65 LIRPF)

La parte de la *base liquidable general* que exceda del importe del mínimo exento será gravada según los siguientes tipos:

Base liquidable — Hasta euros	Cuota íntegra — Euros	Resto base liquidable — Hasta euros	Tipo aplicable — Porcentaje
0	0	17.707,20	15,66
17.707,20	2.772,95	15.300,00	18,27
33.007,20	5.568,26	20.400,00	24,14
53.407,20	10.492,82	En adelante	27,13

(art. 63.1 LIRPF). Luego, la LIRPF establece normas especiales aplicables en los supuestos de anualidades por alimentos a favor de los hijos (1.600 € que se minorará en el importe derivado de aplicar la escala estatal a la parte de la base liquidable general correspondiente al mínimo personal y familiar incrementado) (art. 64 LIRPF) y una escala aplicable a los residentes españoles que se hallen en el extranjero como funcionarios públicos en una misión diplomática español (*véase* art. 10.1 LIRPF) o que se hallen en un país o territorio considerado como paraíso fiscal (*véase* art. 8.2 LIRPF).

iii. La cuota estatal íntegra aplicable a la base liquidable del ahorro (art. 66 LIRPF)

Respecto a la *base liquidable del ahorro*, será aplicable el gravamen al tipo del 11,1 % en la parte que no corresponda con el mínimo exento (art. 66.1 LIRPF). Si los contribuyentes tuviesen su residencia habitual en el extranjero como funcionarios públicos en una misión diplomática española (*véase* art. 10.1 LIRPF) o se hallaran en un país o territorio considerado como paraíso fiscal (*véase* art. 8.2 LIRPF), la base liquidable del ahorro, en la parte que no corresponda con el mínimo exento personal y familiar, se gravará al tipo del 18 % (art. 66.2 LIRPF).

b. Determinación de la cuota líquida estatal (art. 67 LIRPF)

La cuota líquida estatal equivale a la cuota íntegra estatal menos la suma de: (i) el 67 % del importe total de las deducciones generales previstas art. 68.2 a 68.6 LIRPF; (ii) la deducción por inversión en vivienda habitual del art. 68.1 LIRPF; y (iii) la deducción por alquiler de la vivienda habitual prevista en el art. 68.7 LIRPF (art. 67.1 LIRPF). El resultado de esta operación no puede resultar negativo (art. 67.2 LIRPF).

i. El 67 % por deducciones generales (art. 68.2 a 68.6 LIRPF)

También podrán aplicar la deducción por *actividades económicas* (art. 68.2 LIRPF), la *deducción por donativos* (art. 68.3 LIRPF); la deducción por *rentas obtenidas en Ceuta o Melilla* (art. 68.4 LIRPF); la deducción por actuaciones para la *protección del Patrimonio* Histórico Español (art. 68.5 LIRPF); y la deducción por *cuenta ahorro-empresa* (por la constitución de una sociedad «Nueva Empresa») (art. 68.6 LIRPF).

ii. Inversión en vivienda habitual (art. 68.1 LIRPF)

Los contribuyentes podrán deducirse el 10,05 % de las cantidades satisfechas en el período de que se trate por la *adquisición o rehabilitación de la vivienda* que constituya o vaya a constituir la residencia habitual del contribuyente (art. 68.1 LIRPF). Cuando se adquiera una vivienda habitual habiendo disfrutado de la deducción por adquisición de otras viviendas habituales anteriores, no se podrá practicar deducción por la *adquisición o rehabilitación de la nueva* en tanto las cantidades invertidas en la misma no superen las invertidas en las anteriores, en la medida en que hubiesen sido objeto de deducción. También podrán aplicar la deducción por inversión en vivienda habitual los contribuyentes que efectúen obras e instalaciones de adecuación en la misma (art. 68.1 LIRPF).

iii. La deducción por alquiler de la vivienda habitual (art. 68.7 LIRPF)

Los contribuyentes podrán deducirse el 10,05 % de las cantidades satisfechas en el período impositivo por el alquiler de su vivienda habitual, siempre que su base imponible sea inferior a 24.020 € anuales. La base máxima de esta deducción será de: 9.015 € anuales cuando la base imponible sea igual o inferior a 12.000 € anuales; y, cuando la base imponible esté comprendida entre 12.000,01 y 24.020 € anuales, de 9.015 € menos el resultado de multiplicar por 0,75 la diferencia entre la base imponible y 12.000 € anuales (art. 68.7 LIRPF).

3. El gravamen autonómico

a. Determinación de la cuota íntegra autonómica (art. 73 LIRPF)

i. Concepto

La cuota íntegra autonómica equivale a la suma de las cantidades resultantes de aplicar a las *bases liquidables general* y del *ahorro* los tipos de gravamen autonómico, que se rigen por los arts. 74 y 75 (la cuota autonómica íntegra aplicable a la base liquidable general) y el art. 76 LIRPF (la cuota autonómica íntegra aplicable a la base liquidable del ahorro) (art. 73 LIRPF).

ii. La cuota autonómica íntegra aplicable a la base liquidable general (arts. 74 y 75 LIRPF)

La parte de la *base liquidable del ahorro* que no está exenta por el mínimo exento será gravada conforme a lo previsto en la Ley 21/2001, de 27 de diciembre, por la que se regulan las medidas fiscales y administrativas del nuevo sistema de financiación de las CCAA de régimen común y Ciudades con Estatuto de Autonomía, hayan sido aprobadas por la CA. Si la CA no hubiese aprobado la escala autonómica de la Ley 21/2001, será aplicable la siguiente escala complementaria:

Base liquidable - Hasta euros	Cuota íntegra - Euros	Resto base liquidable - Hasta euros	Tipo aplicable - Porcentaje
0	0	17.707,20	8,34
17.707,20	1.476,78	15.300,00	9,73
33.007,20	2.965,47	20.400,00	12,86
53.407,20	5.588,91	En adelante	15,87

(art. 74.1 LIRPF). Luego, el art. 75 LIRPF, de la misma manera en que lo hace el art. 64 LIRPF respecto a la cuota estatal íntegra aplicable a la base liquidable general, establece una especialidad aplicable en los supuestos de *anualidades por alimentos* a favor de los hijos. Los contribuyentes que satisfagan anualidades por alimentos a sus hijos pueden en algunos supuestos aplicar 1.600 € a la parte de la base liquidable general correspondiente al mínimo personal y familiar (art. 75 LIRPF).

iii. La cuota autonómica íntegra aplicable a la base liquidable del ahorro (art. 76 LIRPF)

La base liquidable del ahorro no exento por el mínimo personal y familiar se gravará con el tipo del 6,9 % (art. 76 LIRPF).

b. *Determinación de la cuota líquida autonómica (art. 77 LIRPF)*

La cuota líquida autonómica equivale al resultado de disminuir la cuota íntegra autonómica en la suma de: (i) el 33 % del importe total de las *deducciones generales* previstas en el art. 68.2 a 68.6 LIRPF (las deducciones por actividades económicas, donativos, rentas obtenidas en Ceuta o Melilla, actuaciones para la protección del Patrimonio Histórico Español, por cuenta ahorro-empresa, con los límites y requisitos previstos en los arts. 69 y 70 LIRPF); (ii) la deducción por inversión en *vivienda habitual* prevista en el art. 78 LIRPF (con los límites y requisitos de situación patrimonial establecidos en el art. 70 LIRPF); y (iii) el importe de las deducciones establecidas por la CA en el ejercicio de las competencias previstas en la

Ley 21/2001, de 27 de diciembre, que regula las medidas fiscales y administrativas del nuevo sistema de financiación de las CCAA de régimen común y Ciudades con Estatuto de Autonomía (art. 77.1 LIRPF). El resultado de esta operación no puede resultar negativo (art. 77.2 LIRPF).

4. La cuota líquida total y la cuota diferencial (art. 79 LIRPF)

a. La cuota líquida total

La cuota líquida total equivale a la suma de las dos cuotas líquidas, la estatal prevista en el art. 67 LIRPF y la autonómica prevista en el art. 67 LIRPF (art. 79 LIRPF).

b. La cuota diferencial

La cuota diferencial equivale al resultado de minorar la *cuota líquida total* en los siguientes importes: (i) la deducción por doble imposición internacional prevista en el art. 80 LIRPF; (ii) las retenciones, los ingresos a cuenta (modalidad del pago a cuenta que se aplica a las retribuciones no dinerarias o en especie) y los pagos fraccionados previstos en la LIRPF y en sus normas reglamentarias de desarrollo; (iii) las deducciones por el impuesto o gravamen satisfecho en el extranjero por sociedad sujeto al régimen de transparencia fiscal internacional a que se refiere el art. 91.8, o por los impuestos que procedan por razón de explotación de derechos de imagen a que se refiere el art. 92.4 LIRPF; (iv) cuando el contribuyente adquiera su condición por cambio de residencia, por las retenciones e ingresos a cuenta a que se refiere el art. 99.8 LIRPF y las cuotas satisfechas del Impuesto sobre la Renta de no Residentes y devengadas; y (v) las retenciones a cuenta a que se refiere el art. 99.11 LIRPF (art. 79 LIRPF). Además, la cuota diferencial se puede minorar en una deducción por la maternidad (art. 81 LIRPF) y en una deducción por nacimiento o adopción (art. 81 bis LIRPF).

D. Tributación conjunta

El IRPF ofrece la posibilidad de tributar conjuntamente como unidad familiar y elabora una serie de normas especiales dedicadas a la misma. La Ley ofrece dos supuestos posibles de unidad familiar: (i) la unidad integrada por los cónyuges no separados con sus hijos menores de edad que convivan con ellos o los hijos mayores de edad legalmente incapacitados o todavía sujetos a patria potestad; y (ii) la familia legalmente separado o sin vínculo matrimonial, con los hijos menores de edad o mayores de edad incapacitados que vivan con uno de los padres (art. 82.1 LIRPF). La unidad familiar será en este caso «la formada por el padre o la madre y todos los hijos que convivan con uno u otro» (art. 82.1.2 LIRPF). Entonces, será el padre con los hijos que convivan con él y, en su caso, el otro padre con los hijos que convivan con él. Si solamente un padre conviva con los hijos, no cabrá la posibilidad de tributar conjuntamente por el otro padre.

La tributación conjunta puede ejercerse cada vez que se presenta la declaración-liquidación del impuesto en la que se incluyen todas las rentas de la unidad familiar. El IRPF acumula todas las rentas de los miembros de la unidad para que respondan solidariamente de la totalidad de la deuda. E régimen que se aplica es el de la tributación individual, pero con las siguientes especialidades: (i) los límites cuantitativos establecidos en la Ley para la reducción de la base imponible por aportaciones y contribuciones a sistemas de provisión social se aplican individualmente y no conjuntamente; (ii) para la unidad familiar integrada por ambos cónyuges y los hijos menores o incapacitados, el mínimo personal es de 3.400 € por cada cónyuge; y (iii) para la unidad familiar formada por el padre o la madre y los hijos menores o incapacitados a su cargo, el mínimo personal se fija en 5.500 € (art. 84.2 LIRPF).

E. Gestión

1. La declaración

Todo perceptor de rentas sujetas al IRPF está obligado a presentar y suscribir declaración (art. 96.1 LIRPF), a menos que son contribuyentes que obtengan rentas procedentes exclusivamente de: (i) rendimientos íntegros del trabajo (con el límite de 22.000 € anuales; (ii) rendimientos íntegros del capital mobiliario y ganancias patrimoniales sometidos a *retención o ingreso a cuenta* (con el límite conjunto de 1.600 € anuales; y (iii) rentas inmobiliarias imputadas que procedan de un único inmueble (art. 85 LIRPF), rendimientos íntegros del capital mobiliario no sujetos a retención derivados de letras del Tesoro y subvenciones para la adquisición de viviendas de protección oficial o de precio tasado, con el límite conjunto de 1.000 € anuales (art. 96.2 LIRPF). La razón por esta excepción es que la Administración ya conoce los datos de estos contribuyentes, cuyos impuestos se someten a retención o ingreso a cuenta o a algún deber de declaración por terceros a la Administración. Además, no tendrán que declarar los que obtengan exclusivamente rendimientos íntegros del trabajo, de capital o de actividades económicas, así como ganancias patrimoniales, con el límite conjunto de 1.000 € anuales y pérdidas patrimoniales de cuantía inferior a 500 € (art. 97.2.II LIRPF).

2. Autoliquidación, liquidación y devolución

a. Autoliquidación

Los contribuyentes, al tiempo de presentar su declaración, deberán determinar la deuda tributaria correspondiente e ingresarla en el lugar, forma y plazos determinados por el Ministro de Economía y Hacienda, y pueden fraccionar el ingreso del importe resultante de la autoliquidación (art. 97.1 a 97.2 LIRPF). Además los contribuyentes cuyos rendimientos son conocidos por la administración (por retención o ingreso a cuenta o por algún deber de información: los rendimientos del trabajo, las ganancias patrimoniales sometidas a retención o ingreso a cuenta y los demás enumerados en el art. 98.1 LIRPF) pueden solicitar que la AT les remita un borrador de declaración, sin eximirles de su obligación de declararlo (art. 98.1 LIRPF).

b. Liquidación

c. Liquidación provisional y devolución

La devolución procede de la cuota diferencial negativa que resulta cuando las retenciones, ingresos a cuenta y pagos fraccionados del IRPF y de las cuotas del IRNR y, en su caso, las deducciones por maternidad y por nacimiento o adopción de los arts. 81 y 81 bis LIRPF, sea superior al importe de la cuota resultante de la autoliquidación. En estos supuestos, la AT podrá practicar *liquidaciones provisionales* afin de comprobar los datos declarados por el contribuyente (art. 103.1 LIRPF).

La devolución tiene dos modalidades: la derivada para contribuyentes obligados a declarar y la derivada para contribuyentes no obligados a declarar. Para los obligados a declarar, la solicitud de devolución deberá efectuarse mediante la presentación de la declaración, que sean una autoliquidación o borrador de declaración.

Respecto a los contribuyentes no obligados a declarar, no se les exige presentar ninguna declaración para proceder a la devolución. Sólo se les pueden practicar *liquidación provisional* cuando los datos que hubieran facilitado al pagador de rendimientos de trabajo fueren falsos, incorrectos o inexactos y se hayan practicado retenciones inferiores a las que habrían sido procedentes.

3. Prestaciones a cuenta

Se refieren al impuesto ya pagado. Una modalidad de pagos a cuenta son ingresos a cuenta.

CAPÍTULO 3. IMPUESTO SOBRE SOCIEDADES

I. FUNDAMENTOS

El IS es de carácter *directo* y naturaleza *personal* que grava la renta de las sociedades y demás *entidades jurídicas* (art. 1 LIS), con un gravamen *proporcional*. Como principios fundamentales del IS, pueden subrayarse: (i) la *neutralidad*; (ii) la coordinación con el IRPF; (iii) la *competitividad*; y (iv) la *dimensión internacional* del Impuesto, con incidencia en el establecimiento y funcionamiento del mercado europeo. Además, tiene una concepción sintética de la base imponible que corresponde con la remisión general que para su cuantificación se realiza a las normas mercantiles. También establece el LIS diferentes regímenes especiales que excepcionan las normas generales a las empresas de reducida dimensión.

El IS tiene como antecedentes históricos el Impuesto General sobre la Renta de las Sociedades y demás Entidades Jurídicas (1957); el Impuesto General sobre la Renta de las Sociedades y demás Entidades Jurídicas (1957); la Ley 50/1977, de Reforma Fiscal, que estableció el punto de partida para el sistema tributario actual; la Ley 61/1978, de 27 de diciembre, del IS.

Como normas del derecho vigente, tenemos: (i) la *Ley 43/1995*, de 27 de diciembre, reguladora del IS; (ii) el Real Decreto Legislativo 4/2004, de 5 de marzo, por el que se aprueba el *Texto Refundido de la Ley del Impuesto sobre Sociedades* (LIS); (iii) y el *Real Decreto 1777/2004*, de 30 de julio, por el que se aprueba el *Reglamento del Impuesto sobre Sociedades*. Luego, la ley se modificó por la Ley 35/2006 y la Ley 16/2007.

II. HECHO IMPONIBLE

A. Renta gravada

El hecho imponible del IS tiene carácter sintético. Grava la obtención de renta mundial, cualquiera que fuese su fuente (art. 4.1 LIS). En el régimen de transparencia fiscal internacional se entenderá por obtención de renta el cumplimiento de las circunstancias determinantes de la inclusión en la base imponible de las rentas positivas obtenidas por la entidad no residente (art. 4.2.II LIS). Además, el LIS establece rentas presuntas por las cesiones de bienes y derechos en sus distintas modalidades (art. 5 LIS). Por fin, el IS establece rentas atribuidas (imputadas), no tanto como el IRPF, pero con un número importante que se aplica a los socios, herederos, comuneros o partícipes de sociedades civiles y otras entidades (art. 6 LIS).

El IS se aplica en todo el territorio español (art. 2.1 LIS), incluso aquellas zonas adyacentes a las aguas territoriales sobre las que España pueda ejercer los derechos que le correspondan (art. 2.2 LIS), sin perjuicio de los regímenes tributarios forales en los Territorios Históricos de la CA del País Vasco y en la Comunidad Foral de Navarra (art. 2.3 LIS). Lo que establece el LIS se entenderá sin perjuicio de lo dispuesto en los tratados y convenios internacionales que han pasado (art. 3 LIS).

B. Periodo impositivo y devengo

El período impositivo, que nunca puede exceder de 12 meses (art. 26.3 LIS), coincidirá con el ejercicio económico de la entidad (art. 26.1 LIS). Por ejemplo, si la entidad gravada es una institución de educación privada, el período impositivo puede ser los 12 meses de septiembre a agosto de cada año.

El período será corto cuando concluye en las siguientes circunstancias: (i) la entidad *se extinga*; (ii) tenga lugar un *cambio de residencia* de la entidad residente en territorio español al extranjero; o (iii) se produzca la transformación de la forma jurídica de la entidad que determine la *no sujeción a este impuesto* o la modificación de su tipo de gravamen o *la aplicación de un régimen tributario especial* (art. 26.2 LIS). En estos casos, el gravamen se aplicará desde el último ejercicio hasta la circunstancia que produjo la modificación sustancial. El impuesto se devengará el último día del período impositivo (art. 27 LIS).

III. SUJETOS PASIVOS Y EXENCIONES

A. Concepto

El art. 7 LIS establece una lista de los sujetos pasivos del IS. Los sujetos pasivos del IS son no solamente sociedades mercantiles, sino personas jurídicas en general, que sean públicas o privadas, siempre que no están exentas por el art. 9 LIS y que tienen su *residencia en territorio español*. No obstante, se excluyen las sociedades civiles (art. 7.1.a LIS). Las sociedades civiles, siendo entidades en el *régimen de atribución de rentas*, no tributarán por el Impuesto sobre Sociedades (art. 6.3 LIS). Son exentas del gravamen (art. 7.1.a LIS). Sus rentas se atribuirán a los socios de acuerdo con el IRPF (art. 6.1 LIS) (como rendimientos del capital mobiliario).

Además, son sujetos pasivos del IS algunas entidades sin personalidad jurídica, como los fondos de inversión (art. 7.1.b LIS). Por lo demás, el art. 7.1 LIS establece una lista, que no debe entenderse como «numerus clausus», de otros sujetos pasivos cuando tengan su *residencia en territorio español*: las uniones temporales de empresas; los fondos de capital-riesgo; los fondos de pensiones; los fondos de regulación del mercado hipotecario; los fondos de titulización hipotecaria; los fondos de titulización de activos; los fondos de garantía de inversiones; y las comunidades titulares de montes vecinales en mano común (art. 7.1 LIS).

B. Residencia y domicilio fiscal

Se consideran residentes en territorio español las entidades que: (i) se hubieran *constituido conforme a las leyes españolas*; (ii) tengan su *sede de dirección* efectiva (control y dirección) en España o (iii) tengan su *domicilio social* en España (art. 8.1 LIS). El *domicilio fiscal* de los sujetos pasivos residentes en territorio español será el de su *domicilio social*, siempre que en él esté efectivamente centralizada la gestión y dirección de sus negocios (art. 8.2 LIS). Cuando no pueda establecerse, prevalecerá aquél donde radique el *mayor valor del inmovilizado*.

Si una entidad tuviese una presencia en España, pero sin domicilio social o sede de dirección en el país, no se considerará residente de España, y se gravará conforme no al IS, sino al Impuesto sobre la Renta de No Residentes, cuyos contribuyentes son las personas físicas y las entidades (con o sin personalidad jurídica) que no residen en España.

C. Exenciones

1. *Entidades exentas*

En contraste con el IRPF, que configura las exenciones según el origen de la renta (rentas procediendo de indemnizaciones, prestaciones, loterías, apuestas, etc.), el LIS configura un sistema de exenciones subjetivas—se aplican a las entidades gravadas, no por motivo de la fuente de las rentas ingresadas. Establece las siguientes exenciones: (i) el *Estado*, las CCAA y las entidades locales; (ii) los *organismos autónomos del Estado* y entidades de derecho público de análogo carácter de las CCAA y de las entidades locales; (iii) el *Banco de España*, los Fondos de garantía de depósitos y los Fondos de garantía de inversiones; (iv) las *entidades públicas* encargadas de la gestión de la Seguridad Social; (v) el *Instituto de España y las Reales Academias* oficiales integradas en aquél y las instituciones de las CCAA con lengua oficial propia que tengan fines análogos a los de la Real Academia Española; y (vi) los restantes *organismos públicos* mencionados en las disposiciones adicionales novena y décima, apartado 1, de la Ley 6/1997, de 14 de abril, de Organización y Funcionamiento de la Administración General del Estado, así como las entidades de derecho público de análogo carácter de las CCAA y de las entidades locales (art. 9.1 LIS).

2. *Entidades parcialmente exentas*

Estarán parcialmente exentas del IS, en los términos previstos en el título II de la Ley 49/2002, de 23 de diciembre, de régimen fiscal de las entidades sin fines lucrativos y de los incentivos fiscales al mecenazgo, las entidades e instituciones *sin ánimo de lucro* a las que sea de aplicación dicho título (art. 9.2 LIS). Además, el LIS establece una lista de entidades que, en los términos previstos en el capítulo XV del título VII LIS, estarán parcialmente exentos (las entidades e instituciones sin ánimo de lucro no incluidas en el art. 9.2 LIS; las uniones, federaciones y confederaciones de cooperativas; los colegios profesionales y los sindicatos de trabajadores; etc.) (art. 9.3 LIS). Asimismo, el LIS configura exenciones que atienden a la *naturaleza de la renta obtenida* (remisión).

IV.   LA BASE IMPONIBLE

A. Concepto

La base imponible del IS se integra por el importe de la renta en el período impositivo. Equivale al *beneficio contable*—los ingresos menos la cantidad de los gastos contabilizados y justificados, al que se realiza una serie de *ajustes extracontables*. Los ajustes extracontables, establecidos por la ley, pueden ser positivos o negativos. Los ajustes negativos son básicamente las amortizaciones y provisiones para riesgos y gastos; los ajustes positivos son básicamente los gastos no deducibles.

Estará constituida por el importe de *la renta* minorada por *la compensación* de bases imponibles negativas de períodos impositivos anteriores (art. 10.1 LIS).

Como regla general, la base imponible se determina por el método de estimación directa (*véase* art. 10.2 LIS), en el que la base imponible se calculará, corrigiendo el resultado contable determinado de acuerdo con las normas previstas en el CCo y en las demás Leyes relativas a dicha determinación (art. 10.3 LIS). Se aplica el método de estimación objetiva cuando el LIS determine su aplicación, y subsidiariamente, el de estimación indirecta de conformidad con la LGT (art. 10.2 LIS). En el método de estimación objetiva, la base imponible se podrá determinar total o parcialmente mediante la aplicación de los signos, índices o módulos a los sectores de actividad que determine el LIS (art. 10.4 LIS).

El siguiente cuadro resume el cálculo de la base imponible:

Resultado (beneficio) contable

(ingresos menos gastos contabilizados y justificados)

+ *ajustes* extracontables positivos	- *ajustes* extracontables negativos	- *bases imponibles negativas* ejercicios anteriores

= Base imponible del ejercicio

B. Determinación de la base imponible

Los *ingresos* que integran la base imponible son: (i) los de la actividad (sin IVA); (ii) los financieros; (iii) los del capital real (ej.: un edificio que tiene gravado); (iv) las subvenciones y donaciones; (v) los extraordinarios (plusvalías y aplicaciones contables); y (vi) los ajustes por rentas exentas.

Los *gastos contabilizados y justificados* son: (i) los bienes corrientes; (ii) las dotaciones (amortización, provisión); (iii) los servicios exteriores; (iv) los tributos; (v) el personal; (vi) los financieros; y (vii) los extraordinarios (minusvalías).

Luego, los *ajustes* aplicables son por valor, tiempo o calificación. Los *ajustes positivos* se integran en la base imponible cantidades que *se consideran rentas positivas*, aunque no hayan sido considerados como ingresos contables (ej.: el ingreso derivado de la valoración de una operación vinculado), o gastos que han sido deducidos para hallar el resultado contable pero que no son gastos deducibles (ej.: un exceso de la amortización fiscalmente admitida). El *ajuste negativo*, en cambio, minora el resultado contable para determinar la base imponible (ej.: las rentas derivadas de la enajenación de elementos patrimoniales bajo determinados requisitos).

ESTRUCTURA CUANTITATIVA DEL IS

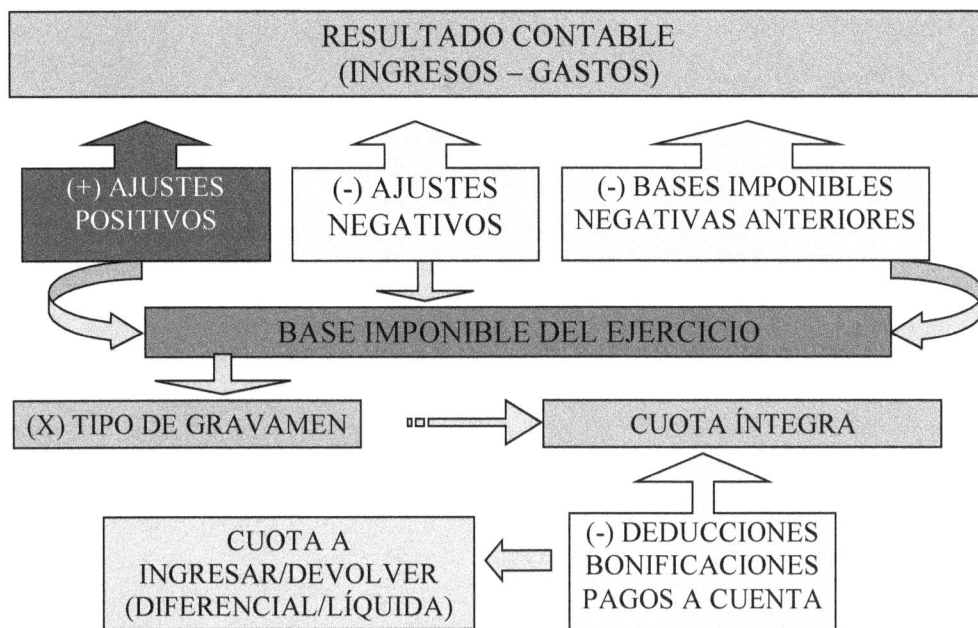

C. Ajustes negativos

1. *Amortizaciones (art. 11 LIS)*

a. *La amortización (depreciación efectiva)*

La amortización se refiere a las inversiones en los bienes inmovilizados (materiales e inmateriales) por la depreciación que normalmente sufren por su funcionamiento, uso y disfrute por el transcurso de tiempo o por la obsolescencia que pueda afectarlos. Las cantidades que en concepto de amortización correspondan a la *depreciación efectiva* son deducibles (art. 11.1 LIS).

Se considera efectiva la depreciación:

- *Lineal*. Es el resultado de aplicar los coeficientes de amortización lineal establecidos en las tablas de amortización oficialmente aprobadas.
- *Desgresiva*. Es el resultado de aplicar un porcentaje constante sobre el valor pendiente de amortización.
- *Dígitos*. Es el resultado de aplicar el método de los números dígitos.
- *Sujeta a plan específico*. Se ajusta a un plan formulado por el sujeto pasivo y aceptado por la AT.
- *Justificada*. El sujeto pasivo justifica su importe (art. 11.1 LIS).

b. *Amortizaciones particulares para ciertos bienes*

El LIS contempla normas sobre amortización que afectan a ciertos bienes. En cuanto al *fondo de comercio*, la amortización anual máxima deducible no podrá exceder de la veinteava parte de su importe (el límite máximo es la décima parte de su importe para el resto de los activos inmateriales). Respecto a los *edificios afectos a la investigación y desarrollo*, podrán amortizarse, por partes iguales, durante un período de diez años, en la parte que se hallen afectos a las actividades de investigación y desarrollo (art. 11.2.c.II LIS). También existe particularidades para los supuestos de *leasing*.

c. Libertad de amortización y la amortización acelerada

La libertad de amortización es un beneficio fiscal para pequeñas empresas que no impone ningún *límite* hasta ahora expuesto. Se permite deducir las dotaciones a la amortización, cualquiera que sea su importe. Así, se puede llegar a amortizar un elemento patrimonial en su integridad en el mismo ejercicio de su adquisición.

Podrán amortizarse libremente: (i) los elementos del inmovilizado material, intangible e inversiones inmobiliarias de sociedades anónimas laborales y de sociedades limitadas laborales en los supuestos enumerados en el LRLIS; (ii) los activos mineros en los términos establecidos en el art. 97 LIS; (iii) los elementos del inmovilizado material e intangible (excluidos los edificios) afectos a las actividades de investigación y desarrollo; (iv) los gastos de investigación y desarrollo activados como inmovilizado intangible (excluidas las amortizaciones de los elementos que disfruten de libertad de amortización); y (v) los elementos del inmovilizado material o intangible de las entidades que tengan la calificación de explotaciones asociativas prioritarias de acuerdo con la Ley 19/1995, de 4 de julio.

Además, serán deducibles con el límite anual del 10 % de su importe las dotaciones para la amortización del inmovilizado intangible con vida útil definida si: (i) se ha puesto de manifiesto en virtud de una adquisición a título oneroso; y (ii) la entidad adquirente y transmitente no formen parte de un grupo de sociedades según los criterios establecidos en el artículo 42 CCo (art. 11.4 LIS).

2. Provisiones

Las provisiones son expresiones temporales de *costes previsibles* y *pérdidas eventuales reversibles* producidas en el inmovilizado. Mediante provisiones, se puede prevenir los gastos y contingencias que pueden surgir. Si al fin, no se produce la contingencia, tendrás que traducirla en aplicación ingreso, sumándola.

En contraste con las amortizaciones, que reflejan una pérdida *definitiva* de valor, el elemento clave de las provisiones el la *reversibilidad*: son pérdidas transitorias. Si fueran amortizaciones, haría que disminuirlas directamente del elemento patrimonial en el activo.

Las provisiones del activo son: (i) las pérdidas por deterioro de los fondos *editoriales* (cuando tengan muchos libros que no están vendiendo), *fonográficos* y *audiovisuales* de las entidades que realicen la correspondiente actividad productora, una vez transcurridos dos años desde la puesta en el mercado de las respectivas producciones (son provisionales porque los libros u otras obras pueden luego hacerse muy populares y vender) (art. 12.1 LIS); (ii) las pérdidas por deterioro de los créditos derivadas de las posibles *insolvencias de los deudores* no garantizados (art. 12.2 LIS); (iii) pérdidas por depreciación de los *valores del capital* de entidades que *no coticen en un mercado regulado* oficial (art. 12.3 LIS); (iv) la provisión por deterioro de valores representativos de deuda admitidos a cotización en mercados regulados (art. 12.4 LIS); (v) valores representativos de la *participación en fondos propios* de *entidades no residentes* (art. 12.5 LIS); y (vi) el precio de adquisición originario del *inmovilizado intangible* correspondiente a *fondos de comercio* (art. 12.6 LIS).

No son deducibles, salvo riesgos previsibles, pérdidas eventuales y gastos o deudas probables, los siguientes gastos: (i) los derivados de *obligaciones implícitas o tácitas*; (ii) los relativos a *retribuciones* y otras *prestaciones al personal*; (iii) los concernientes a los costes de *cumplimiento de contratos* que excedan a los beneficios económicos que se esperan recibir de los mismos; (iv) los derivados de *reestructuraciones* (excepto si se refieren a obligaciones legales o contractuales y no meramente tácitas); (v) los relativos al *riesgo de devoluciones de ventas*; y (vi) los de *personal* que se correspondan con *pagos basados en instrumentos de patrimonio* (art. 13.1 LIS).

Son deducibles con límites los gastos relativos a *actuaciones medioambientales* (art. 13.2 LIS); las provisiones técnicas realizadas por las *entidades aseguradoras* (art. 13.4 LIS); las provisiones técnicas efectuados por las sociedades de garantía recíproca (art. 13.5 LIS); y la *reparación y revisión* (art. 13.6 LIS).

D. Ajustes positivos: Gastos no deducibles (art. 14 LIS)

No serán fiscalmente deducibles los siguientes gastos:

- *Retribuciones de los fondos propios*. Una fiesta de la empresa, por ejemplo, no será deducible.
- *Multas*, *sanciones* y *recargos*. No obstante, los intereses de demora son gastos deducibles.
- *Pérdidas del juego*. No son deducibles.
- *Donaciones*. Cabe destacar que, según leyes especiales, existen bastantes excepciones (ej.: las donaciones satisfechas en virtud de convenios de colaboración en actividades de interés general o a favor de las sociedades de desarrollo industrial y regional).
- *Liberalidades*. No se considera como una liberalidad los gastos de promoción y las demás actividades de relaciones públicas con clientes y proveedores, que caben dentro de la costumbre y tradición, o de representación o retribución, que sí son deducibles.
- *Operaciones realizadas en paraísos fiscales*. No son deducibles los gastos de servicios correspondientes a operaciones realizadas con personas residentes en paraísos fiscales, o que se paguen a través de personas o entidades residentes en éstos, a menos que se pruebe que el gasto responde a una operación efectivamente realizada (art. 14 LIS).

E. Reglas de valoración (art. 15 LIS)

Respecto a las *reglas generales*, el *coste histórico* será el *precio de adquisición* o el *coste de producción* (art. 15.1 LIS). En los supuestos de los elementos patrimoniales aportados a entidades y los valores recibidos en contraprestación; los transmitidos a los socios por causa de disolución, separación de éstos, reducción del capital con devolución de aportaciones, reparto de la prima de emisión y distribución de beneficios; y los transmitidos en virtud de fusión, absorción y escisión total o parcial, la entidad transmitente integrará en su base imponible el *valor normal de mercado* menos los *elementos transmitidos* y su *valor contable* (art. 15.3 LIS).

Rigen reglas especiales en determinadas alteraciones patrimoniales: (i) una corrección monetaria de las plusvalías derivadas de enajenación de inmuebles (art. 15.10.a); y (ii) el valor del mercado (art. 15.2 a 15.9 LIS); y (iii) los efectos de la sustitución del valor contable por el valor normal de mercado (art. 18 LIS).

Además, existe una serie de reglas especiales respecto a las operaciones vinculadas. Se refieren a los supuestos en que existe una vinculación entre la matriz y la filial, como, por ejemplo, cuando la matriz imputa gastos a la filial. Se aplica el *valor normal de mercado* a las operaciones efectuadas entre personas o entidades vinculadas—lo que se habría acordado por personas o entidades independientes en condiciones de libre competencia (art. 16.1.1 LIS).

Las personas o entidades vinculadas deberán documentar todo con racionalidad y mantener a disposición de la AT esta documentación (art. 16.2 LIS). Se considera *infracción* tributaria no aportar o aportar de forma incompleta, inexacta o con datos falsos dicha documentación. También constituye infracción tributaria que el valor normal de mercado no sea el declarado en el IS, el IRPF o el IRNR (art. 16.10 LIS). La infracción será grave y se *sancionará* de acuerdo con las normas establecidas en el art. 16.10 LIS.

Respecto a la *subcapitalización*, salvo en la UE, cuando el endeudamiento neto remunerado, directo o indirecto, de una entidad con otra u otras personas o entidades no residentes en territorio español con las que esté vinculada, exceda del resultado de aplicar el coeficiente 3 a la cifra del capital fiscal, los intereses devengados que correspondan al exceso tendrán la consideración de dividendos (art. 20.1 LIS). Es decir, cuando la empresa, para evitar pagar impuestos, dice que su capital es en para sus acreedores, transformando sus socios capitalistas en acreedores, el sistema no lo cree y los grave como si fueran dividendos (que, en contraste con intereses, no son deducibles.

Por fin, los arts. 15.1 y 135 LIS tratan la actualización de valores.

F. Imputación y compensación de rentas

El art. 19 LIS trata la imputación temporal y la inscripción contable de ingresos y gastos. Establece el *criterio de devengo* frente al *criterio de caja*: «Los ingresos y los gastos se imputarán en el período *impositivo en que se devenguen*, atendiendo a la corriente real de bienes y servicios que los mismos representan, con independencia del momento en que se produzca la corriente monetaria o financiera, respetando la debida correlación entre unos y otros» (art. 19.1 LIS).

El art. 25 LIS trata la compensación de bases imponibles negativas que hayan sido objeto de liquidación o autoliquidación. Podrán ser compensadas con las rentas positivas de los períodos impositivos que concluyan en los *15 años inmediatos y sucesivos* (art. 25.1 LIS).

V. LA DEUDA TRIBUTARIA

A. Cuota íntegra y tipos de gravamen

Según el art. 28 LIS, el *tipo impositivo general es de 35 %* (art. 28.1 LIS), pero esta figura ha ido disminuyéndose en los años recientes: 32,5 % a partir de 1 de enero de 2007 y 30 % a partir de 1 de enero de 2008 (Disposición adicional octava LIS).

Luego, hay una serie de tipos específicos. Por ejemplo, a tenor del art. 114.I LIS, tributarán al tipo del 25 % o a 30 % las empresas de reducida dimensión (*véase infra.* «Empresas de reducida dimensión», por su definición). Otras entidades que se tributan a tipos específicos son fondos de inversión (a 1 %) y fondos de previsión (a 0 %). El art. 28 LIS también establece varios supuestos con tipos de gravamen de 10 % y 20 %.

B. Cuota líquida («cuota a ingresar») y deducciones (incluso las bonificaciones)

La cuota líquida en el LIS se denomina «cuota a ingresar». En esta sección, analizaremos las varias deducciones establecidas por la ley.

1. Deducciones y exenciones para evitar la doble imposición internacional

Las deducciones y exenciones para evitar la doble imposición internacional se rigen por los arts. 21 a 22 y 31 a 32. La regla general es la imputación ordinaria.

Luego, hay una *exención* para el establecimiento permanente—cuando el contribuyente está actuando de forma estable. Paga impuestos, pero luego, trae los beneficios al país en que tiene residencia. Por tanto, están exentos de carácter general. No obstante, como excepción, no se aplica la exención si el país de residencia permanente es un paraíso fiscal.

Además, existe una *exención optativa* en los dividendos y plusvalías de sociedades filiales que tienen más de 5 %.

2. Deducciones y exenciones para evitar la doble imposición interna

Son *deducciones* para evitar la doble imposición interna el 50 % de la tributación nominal del dividendo (art. 30 LIS). Luego, hay una serie de reglas especiales respecto a las *exenciones* para filiales (entre la matriz y la filial). Todo ; todo lo pago la matriz no paga la filial.

3. Deducciones para incentivar la inversión

Las deducciones para incentivar la inversión, que se rigen por los arts. 35 a 44 LIS), están desmantelándose hasta el año 2014. Se están bajando los tipos impositivos para todo el mundo, pero sin tener posibilidad de deducciones. Así, la cuota será menos vulnerable y gana neutralidad el impuesto.

Los porcentajes por la inversión en la *investigación* y el *desarrollo* están a los tipos de deducción de entre 15 % y 50 %. Asimismo, la deducción para *exportación* es de 25 % de la cuota íntegra. También hay deducciones por los *bienes de interés cultural*, que están entre 5 % (libros) y 20 % (cine). Se puede deducir el 10 % de las inversiones en instalaciones medioambientales y energías renovables. Para fomentar la política de formación, puede deducirse entre 5 % y 10 % por la formación de empleados. El empleo y las aportaciones a discapacitados reciben una deducción de 10 % (con límites) (art. 43.2 LIS). Asimismo, la reinversión en beneficios extraordinarios recibe una deducción de 12 % (por la reinversión que se realiza con una plusvalía). Por fin, existe una deducción de 10 % por aportaciones a planes de pensión de los empleados. Todos son incentivos para incentivar a las empresas a realizar ciertos actos.

4. Bonificaciones

Los arts. 33 y 34 LIS establecen una lista muy pautada de bonificaciones. Son descuentos en una parte del ingreso que ha de someterse por el sujeto pasivo a la tributación. Como la deducción, que no se base en la capacidad de contribuir (como las reducciones), sino en *incentivos fiscales*, se la minora de la *cuota a ingresar/satisfacer* (cuota líquida) en un *porcentaje*. Pero en contraste con la deducción, se aplica a los ingresos. Por ejemplo, si una empresa recibe una bonificación de 85%, por cada 100 € ingresados, solo se gravará 15 €.

Las bonificaciones son: (i) 50 % del ingreso por las rentas efectivamente obtenidas en *Ceuta* o *Melilla*; (ii) 99 % por las rentas derivadas de exportación de ciertos *productos culturales* (ej.: películas vendidas al extranjero) (esta bonificación se desaparecerá en el año 2014); y (iii) 99 % por las rentas derivadas de *servicios públicos locales* por *sociedades de capital público* (ej.: una sociedad que recoge basuras).

5. Disposiciones comunes

Hay un límite global de de 35 % o 45 % de la cuota íntegra menos deducciones. Además, hay una exclusión de la base de la inversión (65 % o 100 % en los casos en que se excluyen totalmente) respecto a las subvenciones. Además, hay que mantener la inversión (si un año después de recibir la deducción, la inversión se deshace, será un supuesto de fraude de Ley).

C. Cuota diferencial y prestaciones (pagos) a cuenta

La cuota diferencial (cuota líquida, o cuota a ingresar o devolver) equivale a la parte a ingresar a la Administración.

Una prestación (pago) a cuenta es una obligación tributaria que consiste en la anticipación del ingreso del impuesto. A tenor del art. 46 LIS, hay tres modalidades de prestaciones (pagos) a cuenta que se deducen de la cuota íntegra: (i) las *retenciones a cuenta* (art. 141 LIS); (ii) los *ingresos a cuenta*; y (iii) los *pagos fraccionados*, que se pagan en abril, octubre y diciembre (art. 45). Cuando los valores de las prestaciones a cuenta superen la cantidad resultante de practicar en la cuota íntegra del Impuesto las deducciones, la AT devolverá el exceso.

VI.   REGÍMENES ESPECIALES

A. Entidades parcialmente exentas

Ya hemos visto las entidades totalmente exentas del IS—el Estado, las CCAA, el Banco de España, etc. (art. 9.1 LIS). Además, hemos visto entidades no sujetas—las sociedades civiles.

El LIS también crea exenciones de forma *parcial* en sus arts. 120 a 122. La ley 49/2002 establece exenciones de incentivos fiscales. Se trata de los colegios, profesionales, sindicatos, asociaciones y demás entidades del denominado «tercer sector» que no tienen ánimo de lucro, pero tienen carácter competitivo y realizan actividades que dan lugar a beneficios. Por ejemplo, la Fundación San Pablo CEU paga impuestos en el IS.

Estarán exentas las siguientes rentas obtenidas por dichas entidades: (i) las que procedan de sus «*actividades específicas*» (las que constituyan su objeto social o finalidad específica); (ii) las derivadas de *adquisiciones* y de *transmisiones* a título lucrativo, siempre que se realicen en cumplimiento de su objeto o finalidad específica; y (iii) las que se pongan de manifiesto en la transmisión onerosa de bienes afectos a la realización del objeto o finalidad específica (art. 121.1 LIS).

B. Empresas de reducida dimensión

Los arts. 108 a 114 LIS establecen un régimen especial para las empresas de reducida dimensión, afin de facilitarles el crecimiento y permitirles más capacidad. La definición de la empresa de reducida dimensión es aquella empresa que tiene un importe neto de la *cifra de negocios* (ingresos, no el beneficio) *inferior a 8.000.000 €* (art. 108.1 LIS). Son personas jurídicas (no físicas).

Hay libertad de amortización limitada a ciertos activos, si se incrementa la plantilla. En todo caso, la amortización es acelerada. Existe mayor flexibilidad a la deducción de dotaciones, o provisiones, por insolvencia. Las deducciones por inversiones en la *tecnología para información y comunicación* está a 10 %. Se puede aplicar a ordenadores, paginas Web, formación de empleados en informática, etc..

El tipo de gravamen es del 25 % a los primeros 120.000 € de la base imponible y del 30 % por la parte de base imponible restante (art. 114.I LIS). Es el único que no es un gravamen proporcional, sino progresivo.

C. Otros regímenes especiales

El LIS permite a los grupos de sociedades y sociedades «holding» (entidades de tenencia de valores extranjeros) (arts. 64 a 82, 116 a 119 LIS) *consolidar sus balances*, de acuerdo con el art. 42 CCo. También tienen la opción de la no tributación de los dividendos recibidos por ciertas entidades de tenencia de valores extranjeros (ETVE) (sociedades «holding»), cuyo objeto social primordial es la dirección y gestión de los mismos.

Existe además un régimen especial de las *fusiones, escisiones, aportaciones de activos* y *canje de valores* (arts. 83-96 LIS). El régimen se regula por una directiva europea que tiene como fin la libertad de establecimiento. Se trata de conseguir que las distintas normativas europeas no sean obstáculos a las fusiones transnacionales entre grupos europeos. Así, se puede crear grandes grupos europeos que pueden competir mundialmente.

Cabe además destacar los siguientes regímenes tributarios especiales:

- Agrupaciones de interés económico y uniones temporales de empresas (arts. 48 a 52 LIS);
- Entidades dedicadas al arrendamiento de viviendas (arts. 53 a 54 LIS);
- Sociedades de desarrollo industrial regional y las sociedades y fondos de capital-riesgo (sociedades con negocios que buscan inversores) (arts. 55 a 56 LIS);
- Instituciones de inversión colectiva (fondos de inversión inmobiliario, fondos de pensiones, etc.) (arts. 57 a 60 LIS);
- Consolidación fiscal (arts. 64 a 82 LIS);
- Régimen de minería (arts. 97 a 101 LIS);
- Régimen fiscal de la investigación y explotación de hidrocarburos, que establece un tipo impositivo más elevado (arts. 102 a 106 LIS);
- Régimen de navieras (de estimación objetiva según la carga del barco) (arts. 124 a 128 LIS);

- Montes vecinales en mano común (entidades sin personalidad jurídica que sin embargo se tributan en el IS) (art. 123 LIS);
- Entidades deportivas, en cuanto a las donaciones que se hacen (art. 129 LIS);
- Entidades dedicadas al arrendamiento de viviendas, para incentivar el arrendamiento (arts. 53 a 54 LIS). Sin embargo, son supuestos muy pautados que no tienen mucha aplicación.

VII. Gestión

La gestión del impuesto es formal. El índice de entidades se rige por los arts. 130 a 132 LIS. En cada Delegación de la Agencia Estatal de AT se llevará un *índice de entidades* en el que se inscribirán las que tengan su domicilio fiscal dentro de su ámbito territorial (excepto las entidades a que se refiere el art. 9 (art. 130.1 LIS).

Las obligaciones contables de información se rige por los arts. 133 a 135 LIS. Hay 25 días naturales a los seis meses del cierre para la declaración de autoliquidación (arts. 136 a 137 LIS). Pues, se puede devengar antes del 31 de diciembre.

CAPÍTULO 4. OTROS IMPUESTOS

I. Impuesto sobre la Renta de no Residentes

A. Fundamentos y objeto

Ya hemos hecho varias referencias al Impuesto sobre la Renta de no Residentes (IRNR). Se trata de un impuesto *directo* que grava la renta obtenida en España de las personas físicas o jurídicas no residentes en España (art. 1 TRLRNR). Es un impuesto objetivo, ya que la cuota no varia según las circunstancias personales del contribuyente (no obstante, incluye algunos elementos subjetivos). Visto que el impuesto no se cede a las CCAA, es un impuesto estatal. Además, es instantáneo si el sujeto pasivo opera sin establecimiento permanente y periódico si tiene un establecimiento permanente. El IRNR tiene una coordinación importante con el IRPF y el IS.

B. Normas aplicables

El IRNR se rige principalmente por el Real Decreto Legislativo 5/2004, de 5 de marzo, por el que se aprueba el texto refundido de la Ley del Impuesto sobre la Renta de no Residentes (TRLRNR). Además, se aplica el RD 1776/2004. Hay cuarenta convenios firmados con España. Establecen normas de conflicto respecto a la ley aplicable. Son normas de atenuación a la doble imposición. Por lo general la Organización por la Cooperación y el Desarrollo Económico (OCDE) tiene un modelo que todos siguen, afin de promover la uniformidad. Otra fuente es el derecho comunitario, que apoya al principio de la no discriminación.

C. Ámbito espacial

El ámbito espacial del impuesto es todo el territorio español, sin perjuicio de los regímenes tributarios forales y de los Tratados internacionales. El territorio español comprende el territorio del Estado, incluyendo el espacio aéreo, las aguas interiores, el mar territorial y las áreas exteriores a él, en las que el Estado pueda ejercer jurisdicción o derechos de soberanía respecto del fondo marino, su subsuelo y aguas suprayacentes y sus recursos naturales (art. 2 LIS).

D. Sujetos pasivos

Los sujetos pasivos del IRNR son las personas físicas o jurídicas que obtienen rentas en España sin ser residentes en el territorio español. Respecto a las personas físicas, el LIRPF establece los criterios para establecer quien es residente en España (permanencia en España por más de 183 días en un año natural; el contribuyente cuyos intereses económicos o núcleo principal radique en España, etc.). Respecto a las sociedades, el LIS establece los criterios (las entidades que se hubieran *constituido conforme a las leyes españolas*; que tengan su *domicilio social* en España, etc.). Por tanto, como podemos ver, el IRNR está atentamente relacionado con relación al IRPF y al IS.

E. Hecho imponible y exenciones

1. *Hecho imponible*

El hecho imponible del IRNR equivale a la obtención por el contribuyente de las rentas gravadas por el Impuesto. El IRNR grava las rentas obtenidas en territorio español. Se entienden obtenidas en España: (i) las rentas de actividades o explotaciones económicas realizadas mediante establecimiento permanente situado en territorio español; (ii) las rentas de actividades o explotaciones económicas realizadas sin mediación de establecimiento permanente situado en territorio español; (iii) los rendimientos del trabajo derivados en territorio español; (iv) las pensiones y demás prestaciones similares, cuando deriven de un empleo prestado en territorio español o cuando se satisfagan por una persona o entidad residente en territorio español o por un establecimiento permanente situado en éste; (v) las retribuciones de los administradores y miembros de los consejos de administración, de las juntas que hagan sus veces o de órganos representativos de una entidad residente en territorio español; (vi) los rendimientos del trabajo enumerados por la Ley; (vii) los rendimientos derivados, directa o indirectamente, de bienes inmuebles situados en territorio español o de derechos relativos a éstos; (viii) las rentas imputadas a los contribuyentes personas físicas titulares de bienes inmuebles urbanos situados en territorio español no afectos a actividades económicas; y (ix) las ganancias patrimoniales que derivan de valores emitidos por residentes de bienes inmuebles o muebles situadas en España o de derechos que pueden ejercerse en su territorio (art. 13.a IRNR).

2. *Exenciones*

Están exentas las siguientes rentas:

- Las rentas mencionadas en el artículo 7 de la LIRPF;
- Las becas y otras cantidades percibidas por personas físicas;

- Los intereses y demás rendimientos obtenidos por la cesión a terceros de capitales propios a que se refiere el art. 23.2 del LIS;
- Los rendimientos derivados de la Deuda Pública, obtenidos sin mediación de establecimiento permanente en España;
- Las rentas derivadas de valores emitidos en España por personas físicas o entidades no residentes sin mediación de establecimiento permanente;
- Los rendimientos de las cuentas de no residentes que se satisfagan a contribuyentes por el IRNR;
- Las rentas obtenidas en territorio español, sin mediación de establecimiento permanente en éste, procedentes del arrendamiento, cesión, o transmisión de contenedores o de buques y aeronaves a casco desnudo, utilizados en la navegación marítima o aérea internacional.
- Los beneficios distribuidos por las sociedades filiales residentes en territorio español a sus sociedades matrices residentes en otros Estados miembros de la Unión Europea o a los establecimientos permanentes de estas últimas situados en otros Estados miembros, cuando concurran los siguientes requisitos:
- Las rentas derivadas de las transmisiones de valores o el reembolso de participaciones en fondos de inversión realizados en alguno de los mercados secundarios oficiales de valores españoles;
- Los dividendos y participaciones en beneficios a que se refiere el párrafo y del art. 7 LIRPF y de modificación parcial de las Leyes de los IS, sobre la IRNR y sobre el Patrimonio, obtenidos, sin mediación de establecimiento permanente, por personas físicas residentes en otro Estado miembro de la Unión Europea o en países o territorios con los que exista un efectivo intercambio de información tributaria, con el límite de 1.500 €, que será aplicable sobre la totalidad de los rendimientos obtenidos durante el año natural (art. 14.1 IRNR).

F. Formas de sujecion

El TRLIRNR diferencia entre los contribuyentes que operan a través de un establecimiento permanente y los que operan en España sin mediación permanente en España.

- *Rentas obtenidas por un establecimiento permanente.* Los contribuyentes que operan a través de un establecimiento permanente están sujetos al tributo por todas las ganancias que, en general, derivan de él.
- *Rentas obtenidas sin mediación de un establecimiento permanente.* Los contribuyentes que operan sin mediación de un establecimiento permanente están sujetos por cada una de las rentas que obtengan *sin ninguna compensación entre ellas.* El tipo general es el 25 %.

II. IMPUESTO SOBRE EL PATRIMONIO

A. Concepto

El Impuesto sobre el Patrimonio (IP) grava el patrimonio neto de las personas físicas. Por tanto, es un impuesto *directo*, ya que grava una *manifestación directa* de la capacidad económica del sujeto pasivo. Además, es un impuesto *personal*, dado que lo que importa es la persona gravada y no un acto, y *objetivo*, ya que *la cuota no varía* por las circunstancias personales del contribuyente (art. 1.I LIP).

El patrimonio neto se integra por el conjunto de bienes y derechos de contenido económico, menos las cargas y gravámenes reales y obligaciones personales. Se considera el patrimonio personal como una de las fuentes de capacidad económica más idónea.

En teoría, es un impuesto complementario; en la realidad práctica, es un impuesto cuyo rendimiento se encuentra íntegramente cedido a las CCAA, que pueden ejercer determinadas competencias normativas (mínimo exento y tarifas del impuesto).

Nació el IP con la Ley 50/1977 de 14 de noviembre como impuesto de control. En lo actual, se regula por la Ley 19/1991, de 6 de junio. No es un Impuesto estatal; se encuentra cedido a las CCAA, que pueden ejercer competencias normativas en la determinación del mínimo exento y de la tarifa.

B. Hecho imponible y exenciones

1. Hecho imponible

El hecho imponible del IP se integra por el patrimonio neto del sujeto pasivo, que equivale a los bienes y derechos de contenido económico que hubieran pertenecido al sujeto pasivo en el momento del anterior devengo (el 31 de diciembre), menos cargas, gravámenes y deudas (art. 3 LIP).

2. Exenciones

Las exenciones se enumeran en el art. 4 LIP. Entre ellas caben destacar: (i) la vivienda habitual; (ii) los bienes integrantes del patrimonio histórico; (iii) los objetos de arte; (iv) los derechos inmateriales (la PI y propiedad industrial de dominio de autor); (v) el ajuar doméstico; (vi) los valores rentas exentas en IRNR; y (vii) el patrimonio empresarial y participaciones en empresas familiares (esto es lo más importante) (art. 4 LIP).

3. Ámbito espacial

El IP se exige en todo el territorio español, sin perjuicio de los regímenes tributarios especiales.

Siguen aplicándose los regímenes tributarios forales vigentes en los Territorios Históricos del País Vasco y de la Comunidad Foral de Navarra, respectivamente, y de lo dispuesto en los tratados o convenios internacionales (art. 2.1 LIP). La recaudación del IP está cedida a las CCAA y se rige por las normas reguladoras de la Cesión de Tributos del Estado a las Comunidades Autónomas (art. 2.2 LIP).

4. Aspecto temporal

El devengo del IP tiene lugar el 31 de diciembre de cada año natural. Afectará al patrimonio del cual sea titular el sujeto pasivo en esa fecha. (art. 29 LIP).

C. Contribuyente

El sujeto pasivo del IP es la persona física titular del patrimonio que tenga su residencia habitual en territorio español (art. 5.1.a LIP). No puede ser sujetos pasivos las personas jurídicas ni los entes sin personalidad.

Los sujetos pasivos que no residen en España están obligados a nombrar una persona física o jurídica con residencia en España para que les represente ante la AT en relación con sus obligaciones por el IP (art. 6.1 LIP). El depositario o gestor de los bienes o derechos de los no residentes responderá solidariamente del ingreso de la deuda tributaria correspondiente al IP (art. 6.3 LIP).

D. Cuantificación de la base imponible

Por lo general, la base imponible del sujeto pasivo se calcula por deducir al valor de los bienes y derechos de contenido económico las cargas y gravámenes de naturaleza real que disminuyan su valor y las deudas u obligaciones personales del contribuyente (art. 9 LIP). Luego, en los arts. 10 a 25, la LIP establece una serie de reglas heterogéneas de valoración de los bienes del patrimonio del contribuyente. Entre ellas cabe destacar las siguientes:

-   Los bienes inmuebles se computarán por el mayor valor de los tres siguientes: el valor catastral, el valor comprobado por la Administración a efectos de otros tributos o el valor del precio de la adquisición (art. 10 LIP);
-   Los bienes y derechos afectos a actividades empresariales se computarán por el valor que resulte de la contabilidad, por diferencia entre el activo real menos el pasivo exigible, salvo bienes inmuebles que no constituyan el objeto de la actividad (art. 11 LIP); y
-   Los valores representativos de la cesión a terceros de capitales propios negociados en mercados organizados se computarán según su valor de negociación media del cuarto trimestre de cada año (art. 13 LIP).

III. IMPUESTO SOBRE SUCESIONES Y DONACIONES

A. Fundamentos

El impuesto sobre sucesiones y donaciones (ISD) es un tributo directo que grava «los *incrementos patrimoniales* obtenidos a titulo lucrativo por personas físicas, en los términos previstos en la presente Ley» (art. 1 LSD). Los incrementos patrimoniales se han de ser a título lucrativo (gratuitamente).

B. Ámbito espacial

El ISD se aplica en todo el territorio español, sin perjuicio de lo dispuesto en los Regímenes Tributarios Forales de Concierto y Convenio Económico vigentes en el País Vasco y en Navarra, respectivamente, y de lo dispuesto en los Tratados o Convenios internacionales que hayan pasado a formar parte del ordenamiento interno (art. 2 LISD). En el País Vasco, se aplica a la residencia del donatario o causante o radicación del inmueble (art. 25 del concierto). En Navarra, se aplica la residencia del donatario/causante o radicación del inmueble; residencia a efectos del IRPF (art. 26 del convenio).

C. Hecho imponible

Las siguientes actividades constituyen el hecho imponible: (i) la adquisición de bienes y derechos por herencia, legado o cualquier otro título sucesorio; (ii) la adquisición de bienes y derechos por donación o cualquier otro negocio jurídico a título gratuito, *inter vivos*; y (iii) la percepción de cantidades por los beneficiarios de contratos de seguros sobre la vida, cuando el contratante sea persona distinta del beneficiario, salvo los supuestos expresamente regulados en las normas tributarias (art. 3.1 LISD).

D. Sujetos pasivos

Como ya mencionado, los sujetos pasivos del ISD han de ser personas físicas. La LISD establece tres categorías de sujetos: (i) en las adquisiciones *mortis causa*, los *causahabientes*; (ii) en las donaciones y demás transmisiones lucrativas *inter vivos* equiparables, el *donatario* o el *favorecido* por ellas; y (iii) en los seguros la vida, los beneficiarios (art. 5 LISD).

E. Base imponible

1. *Adquisiciones* mortis causa

En las transmisiones *mortis causa*, la base imponible del Impuesto sobre Sucesiones y Donaciones está constituida por el valor neto de la adquisición individual de cada causahabiente, entendiéndose como tal el valor real de los bienes y derechos minorado por las cargas y deudas que fueren deducibles (art. 9 LISD).

2. *Adquisiciones* inter vivos

En las donaciones y demás transmisiones lucrativas *inter vivos* equiparables, la base imponible del Impuesto sobre Sucesiones y Donaciones está constituida por el valor neto de los bienes y derechos adquiridos, entendiéndose como tal el valor real de los bienes y derechos minorado por las cargas y deudas que fueren deducibles (art. 9 LISD).

3. *Valoración (seguros sobre la vida)*

En los seguros sobre la vida, la base imponible del Impuesto sobre Sucesiones y Donaciones está constituida por las cantidades percibidas por el beneficiario. Las cantidades percibidas por razón de seguros sobre la vida se liquidaran acumulando su importe al del resto de los bienes y derechos que integran la porción hereditaria del beneficiario cuando el causante sea el contratante del seguro individual o el asegurado en el seguro colectivo (art. 9 LISD).

F. Base liquidable

El art. 20 LISD establece la base liquidable, que se obtendrá aplicando en la base imponible las reducciones que hayan sido aprobadas por la CA. Estas reducciones se practicarán por el siguiente orden: las del Estado y, a continuación, las de las CCAA. En las adquisiciones mortis causa, incluidas las de los beneficiarios de pólizas de seguros de vida, si la CA no hubiese regulado estas reducciones o no resultase aplicable a los sujetos pasivos la normativa propia de la comunidad, se aplicarán otras reducciones establecidos en el art. 20.2 LISD.

G. Deuda tributaria

La cuota tributaria se obtiene aplicando a la cuota íntegra una tarifa progresiva (art. 21 LISD). El *coeficiente multiplicador* se determina en función de la cuantía de los tramos del patrimonio preexistente que hayan sido aprobados por la CA y del grupo, según el grado de parentesco (art. 22.1 LISD).

Existe una deducción por la doble imposición internacional. El contribuyente podrá deducir la cantidad menor entre: (i) el importe efectivo de lo satisfecho en el extranjero por razón de impuesto similar que afecte al incremento patrimonial sometido a gravamen en España; y (ii) el resultado de aplicar el tipo medio efectivo del ISD al incremento patrimonial correspondiente a bienes que radiquen o derechos que puedan ser ejercitados fuera de España, cuando hubiesen sido sometidos a gravamen en el extranjero por un impuesto similar (art. 23 LISD).

Respecto al causante que hubiera tenido su residencia habitual a la fecha del devengo en Ceuta y Melilla, se efectuará una bonificación del 50 % de la cuota. La bonificación se elevará al 99 % para los causahabientes comprendidos, según el grado de parentesco, en los grupos I y II señalados en el art. 20 LISD (art. 23 bis. LISD).

H. Normas especiales

Existen normas especiales con respecto a la valoración del usufructo. El valor del usufructo temporal se reputará proporcional al valor total de los bienes, en razón del 2 % por cada período de un año, sin exceder del 70 %. El valor del usufructo vitalicio se reputará al 70 % del valor total de los bienes cuando el usufructuario cuente menos de veinte años, minorando a medida que aumenta la edad, en la proporción de un 1 % menos por cada año más con el límite mínimo del 10 % del valor total. Se aplica a la nuda propiedad el tipo medio aplicable al valor total, al adquirirse y consolidarse (art. 26.a LISD).

IV.   TRANSMISIONES PATRIMONIALES Y ACTOS JURÍDICOS DOCUMENTADOS

A. Fundamentos

1. *Antecedentes y sistema normativo*

2. *Características y principios comunes*

El Impuesto sobre Transmisiones Patrimoniales y Actos Jurídicos Documentados (ITPAJD) es un tributo *indirecto* e *instantáneo* que grava tres operaciones en un impuesto: (i) las *transmisiones patrimoniales* onerosas (ej.: compraventas, arrendamientos, etc.); (ii) las *operaciones societarias* (ej.: la constitución de una sociedad); y (iii) los *actos jurídicos documentados* (AJD) (ej.: documentos notariales o mercantiles) (art. 1.1 LITPAJD). Es un impuesto indirecto, real e instantáneo. Como señala la ley, un mismo acto no podrá ser liquidado por el concepto de transmisiones patrimoniales onerosas y por el de operaciones societarias (art. 1.2 LITPAJD).

B. Transmisiones patrimoniales

1. Hecho imponible

El hecho imponible del ITPAJD se constituye por las transmisiones derivativas onerosas *inter vivos*; la cesión, constitución o ampliación de ciertos derechos reales o personales y concesiones administrativas; y las adjudicaciones en pago, excesos de adjudicación e expedientes de dominio (art. 7 LITPAJD).

Respecto a las transmisiones patrimoniales onerosas, el IVA es incompatible con el ITPAJD. Respecto a las operaciones societarias y los AJDs, el IVA es compatible con el ITPAJD.

2. Sujetos pasivos

Los sujetos pasivos para las transmisiones patrimoniales son los adquirentes de los bienes o derechos. En las cesiones de bienes, es el cesionario. En las permutas de bienes y derechos, son los permutantes. También existe responsabilidad por los responsables subsidiarios (intermediarios).

3. Base imponible

La base imponible es el valor real del bien o derecho, no el precio (art. 10 LITPADJ). Del valor real se deducen las cargas y gravámenes del bien o derecho. La Administración puede comprobar el valor real. Si el valor declarado por los interesados es inferior al valor determinado por la Administración, será éste que constituirá la base imponible.

Existen normas especiales de usufructo, concesiones, pensiones, etcétera.

4. Cuota

La cuota por los bienes inmuebles en todas las CCAA en 2007 fue del tipo general del 7 % (6,5 % en Canarias). Si las CCAA no aprueban otros tipos de gravamen, se aplican los siguientes gravámenes: para la transmisión de bienes inmuebles: 6 %; para la transmisión de bienes muebles, semovientes y residual: 4%; para la constitución y cesión de ciertos derechos: 1 %; y para los arrendamientos urbanos, se establece una escala progresiva (art. 11 LITPAJD).

C. Operaciones Societarias

Las operaciones societarias están marcadas por una tendencia formal y una armonización comunitaria. Tienen una incompatibilidad absoluta con el ITP y práctica con el IVA. El sujeto pasivo es el receptor del capital, que sea una sociedad o socio. Son responsables subsidiariamente los promotores, administradores o liquidadores (arts. 23 a 24 LITPAJD). La base imponible se constituye por el nominal, valor real, haber líquido. La cuota es el tipo del 1 % (arts. 25 a 26 LITPAJD).

D. Actos Jurídicos Documentados

1. Hecho imponible

El hecho imponible de los AJD es la formalización documental de determinados actos: los notariales (escrituras, actas y testimonios); los mercantiles (letras de cambio y documentos de giro); y administrativos (títulos nobiliarios y anotaciones preventivas).

2. Sujetos pasivos

Son sujetos pasivos: los adquirentes de bienes o derechos o los solicitantes de documentos notariales; el librador, primer tenedor o expendedor del documento de giro; y el beneficiario del título o quien solicite la anotación. Hay responsabilidad solidaria de quien intervenga en la negociación de documentos mercantiles.

3. Deuda tributaria

La deuda tributaria de los documentos notariales corresponde a la cuota fija del 0,15/0,30 € por pliego o folio y la cuota variable del 0,5 %/1 % del valor real o 1/3 de lo protestado. Para los documentos mercantiles, se estableció una escala progresiva sobre el importe nominal o a rembolsar. Sobre los documentos administrativos, existe una escala progresiva para los títulos nobiliarios. El tipo es el 0,5 % del valor del derecho para anotaciones preventivas no judiciales.

E. Disposiciones comunes

1. Exenciones y bonificaciones

Las exenciones se establecen en el art. 45 LITPAJD. Podemos distinguir entre las exenciones subjetivas (aplicables al Estado, AAPP, entidades sin fines lucrativos reconocidas por la ley, Iglesia Católica y a las demás entidades reconocidas por la ley) y las exenciones objetivas (aplicables, por ejemplo, a la sociedad conyugal, patrimonios protegidos, juntas de compensación, a la transmisión de acciones y los demás títulos valores en el mercado de valores y a determinadas operaciones de fusión y escisión).

2. Gestión, comprobación y devolución

Tiene competencia el Estado para las consultas, efectos timbrados y exenciones. Las CCAA tienen competencia para su gestión, liquidación, recaudación e inspección.

V. IMPUESTO SOBRE EL VALOR AÑADIDO (IVA)

A. Concepto y fundamentos

El impuesto sobre el valor añadido (IVA) es un tributo indirecta porque grava una manifestación *indirecta de la capacidad económica* del sujeto pasivo: el consumo. Ya que lo que importa es un acto y no la persona gravada, es un impuesto impersonal. El IVA recae principalmente sobre la entrega de bienes, pero también puede recaer sobre: (i) las prestaciones de *servicios* efectuadas por *empresarios* o *profesionales*; (ii) las adquisiciones intracomunitarias de bienes; y (iii) las importaciones de bienes (art. 1 LIVA). En la aplicación del impuesto se tendrá en cuenta lo dispuesto en los Tratados y Convenios internacionales que formen parte del ordenamiento interno español (art. 2.2 LIVA).

Su rendimiento se cede parcialmente a las CCAA y se distingue de los impuestos que gravan sólo una fase de los procesos productivos (ej.: los impuestos sobre la fabricación) y de los impuestos que gravan las diversas fases de producción sin tener en cuenta el impuesto satisfecho en las demás fases de producción.

El marco esquemático del IVA es lo siguiente:

- El hecho imponible: la entrega de bienes o prestación de servicios;
- La base imponible: el importe de la contraprestación (excluyendo el IVA);
- El devengo: cuando se realiza la pago del bien o servicio;
- El tipo de gravamen: proporcional;
- La repercusión del IVA: se lo traslada al consumidor. En España, se lo impone por la Unión Europea.

El impuesto sobre el valor añadido se rige por la Ley 37/1992, de 28 de diciembre.

B. Hecho imponible

La Ley 37/1992, de 28 de diciembre, del Impuesto sobre el Valor Añadido (LIVA) configura tres hechos imponibles: (i) las operaciones interiores; (ii) las adquisiciones intracomunitarias; y (iii) la importación.

1. *Operaciones interiores (entregas)*

Las operaciones interiores son las entregas de bienes y prestaciones de servicios realizadas en el ámbito especial del impuesto por empresarios o profesionales. Se trata de las operaciones a título oneroso, con carácter habitual u ocasional, en el desarrollo de una actividad empresarial o profesional (art. 4.1 LIVA).

La LIVA define la entrega de bienes como «la transmisión *del poder de disposición* sobre bienes corporales, incluso si se efectúa mediante cesión de títulos representativos de dichos bienes» (art. 8.1 LIVA), y luego enumera una serie de supuestos adicionales que se consideran entregas: (i) la ejecución de obras que tengan por objeto la construcción o rehabilitación de una edificación, siempre que el coste exceda del 20 % de la base imponible; (ii) las aportaciones no dinerarias efectuadas por los sujetos pasivos del impuesto de elementos de su patrimonio empresarial o profesional a sociedades o comunidades de bienes o a cualquier otro tipo de entidades; (iii) el suministro de un producto informático normalizado efectuado en cualquier soporte material; etc. (art. 8.2 LIVA).

Las operaciones asimiladas a las entregas de bienes a título oneroso se rigen por el art. 9 LIVA, e incluyen el autoconsumo de bienes, la expedición a otro sujeto pasivo del resultado de una ejecución de obra y las transferencias intracomunitarias de un bien corporal.

La prestación de servicios se define en la LIVA de forma negativa: es aquella operación sujeta al IVA que no tenga la consideración de entrega, adquisición intracomunitaria o importación de bienes (art. 11.1 LIVA). El art. 11.2 LIVA enumera una serie de ejemplos de prestaciones (el ejercicio independiente de una profesión, arte u oficio; la cesiones del uso o disfrute de bienes; los traspasos de locales de negocio) y define las operaciones asimiladas a las prestaciones de servicios a título oneroso los *autoconsumos de servicios* (art. 12.1 LIVA).

2. *Adquisiciones intracomunitarias*

El segundo hecho imponible es las «adquisiciones intracomunitarias de medios de transporte nuevos, efectuadas a título oneroso por las personas a las que sea de aplicación la no sujeción prevista en el artículo 14, apartados 1 y 2, de esta Ley, así como las realizadas por cualquier otra persona que no tenga la condición de empresario o profesional, cualquiera que sea la condición del transmitente» (art. 13.2 LIVA). La adquisición intracomunitaria es la *obtención por el contribuyente* del *poder de disposición* sobre bienes muebles corporales transportados desde otros estados miembros y transmitidos por otro sujeto pasivo del impuesto.

3. *Importación*

Se trata de la entrada de bienes—no servicios—de un territorio sin IVA (cualquier país no comunitario o Canarias, Ceuta y Melilla). No son relevantes el fin de la importación y la condición del importador.

Las excepciones son: (i) los regímenes aduaneros especiales; (ii) la naves y aeronaves internacionales, salvamento o pesca; y (iii) los usos diplomáticos o consulares.

C. Supuestos de no sujeción

La LIVA establece una serie de supuestos de no sujeción que incluyen, entre otros: (i) la transmisión de la totalidad del patrimonio empresarial *inter vivos* o *mortis causa*; (ii) los bienes y servicios promocionales; (iii) las prestaciones de servicios por personas físicas en régimen de dependencia; (iv) los autoconsumos realizados por sujetos sin derecho a la deducción; (v) las prestaciones realizadas por entes públicos actuando como tales; y (vi) determinadas concesiones administrativas (art. 7 LIVA).

D. Exenciones

Los arts. 20 a 68 LIVA se dedican a los numeras exenciones de la LIVA. Entre ellas, podemos distinguir entre las operaciones interiores y las otras exenciones.

Las operaciones interiores incluyen las operaciones inmobiliarias (terrenos rústicos y no edificables; segundas y ulteriores adquisiciones; arrendamientos de terrenos y viviendas) (art. 20.1.20 a 20.1.23 LIVA); las prestaciones de servicios sanitarios, asistenciales, culturales, postales, artísticos, deportivos, financieras, etc. (art. 20 LIVA); y las entregas de bienes en cuya adquisición no se dedujo el IVA soportado.

Otras exenciones reconocidas por la LIVA son: las adquisiciones intracomunitarias de bienes que en operaciones interiores están exentas; las importaciones de bienes (arts. 27-67 LIVA); las exportaciones directas y definitivas de bienes fuera de la Comunidad Europea; las compras por extranjeros no residentes (arts. 21 y 22 LIVA); y los regímenes especiales aduaneros (arts. 23 y 24 LIVA).

E. Ámbito espacial

El criterio de territorialidad sirve para determinar cuales son las operaciones sometidas al tributo: las operaciones interiores (entregas) adquisiciones intracomunitarias e importaciones realzadas en el territorio peninsular español e Islas Baleares, sin perjuicio de los regímenes tributarios especiales por razón del territorio o de los Tratados y Convenios Internacionales. El IVA no se aplica en las Islas Canarias ni en Ceuta y Melilla.

F. Devengo

El IVA se devenga por cada entrega de bienes, prestación de servicios, adquisición intracomunitaria o importación de bienes, en el momento en que se realiza. Se trata de una un impuesto que se devenga operación por operación.

Los arts. 75 a 77 LIVA establecen el momento en que cada operación se considera devengada. En el caso de la entrega de bienes y adquisiciones intracomunitarios, se devenga en el momento en que tenga lugar su puesta a disposición del adquirente; para una prestación de servicios, cuando éstos se presten, ejecuten, o efectúen; para una importación, cuando se devenguen los derechos de importación, de acuerdo con la legislación aduanera. La Ley establece además normas específicas con respecto a determinados supuestos (ej.: una ejecución de obra se devenga en el momento de su recepción provisional).

G. Sujetos pasivos

Los arts. 84 a 86 LIVA establecen los sujetos pasivos del IVA, que son las personas físicas o jurídicas que tengan la condición de empresarios o profesionales y realicen las entregas de bienes o presten los servicios sujetos al IVA y, en las adquisiciones intracomunitarias y en las importaciones, los adquirentes.

La LIVA establece la responsabilidad solidaria de los contribuyentes con los destinatarios de las operaciones que, mediante acción u omisión culposa o dolosa, eludan la correcta repercusión del IVA y beneficien indebidamente de exenciones, supuestos de no sujeción o de la aplicación de tipos impositivos menores de los que resulten prudentes (art. 87.1 LIVA). Además, establece la responsabilidad subsidiaria de los Agentes de Aduanas que actúen en nombre y por cuenta de sus comitentes para el pago del IVA (art. 87.3 LIVA).

La LIVA obliga a los sujetos pasivos a repercutir íntegramente el importe del impuesto sobre aquél para quien se realice la operación gravada, quedando éste obligado a soportarlo siempre que la repercusión se ajuste a lo dispuesto en esta Ley (art. 88.1 LIVA). Las cuotas repercutidas han de ser rectificadas cuando el importe de la scuotas se hubiera determinado incorrectamente y cuando se modifique la base imponible por una causa prevista en la LIVA (art. 89.1 LIVA).

H. Base imponible

La base imponible del impuesto estará constituida por el importe total de la contraprestación de las operaciones sujetas al mismo procedente del destinatario o de terceras personas (art. 78.1 LIVA). Ni suplidos, ni descuentos, ni intereses, ni indemnizaciones forman parte de la contraprestación (art. 78.3 LIVA).

La base imponible en las operaciones interiores de entregas de bienes y prestaciones de servicios está constituida por tanto por el importe total de la contraprestación de las mismas. La base imponible de las importaciones está constituida por el valor en aduana, añadiendo los derechos de importación y los gastos accesorios que se produzcan hasta el primer lugar de destino en el interior. La base imponible de las adquisiciones intracomunitarias se determina como regla general con arreglo a las disposiciones de las operaciones interiores.

I. Tipos de gravamen

El tipo general del IVA es del 16 % (art. 90.1 LIVA). Se aplica un tipo reducido del 7 % a los bienes y servicios esenciales (alimentación, vivienda, salud, etc.) (art.

91.1 LIVA). Un tipo reducido del 4 % se aplica a los bienes de primera necesidad (alimentos básicos, medicamentos, libros, vehículos para minusválidos, etc.) (art. 91.2 LIVA).

J. Deducción

La deducción se considera como núcleo fundamental del mecanismo de aplicación del IVA, ya que garantiza su neutralidad en relación con los procesos económicos. Los sujetos pasivos del IVA pueden deducir de las cuotas tributarias devengadas por las operaciones gravadas que realicen en el interior del país las que, devengadas en el mismo territorio, hayan soportado por repercusión directa o satisfecho por las entregas de bienes, prestaciones de servicios y adquisiciones intracomunitarias o importaciones (art. 92.1 LIVA).

VI. IMPUESTOS ESPECIALES Y ADUANEROS

A. Fundamentos

Los impuestos especiales y aduaneros son impuestos indirectos, reales, objetivos y monofásicos, sobre la fabricación o distribución de ciertos bienes. Se rigen por la Ley 38/1992, de 28 de diciembre, de Impuestos Especiales (LIE), y el Real Decreto 1165/1995, de 7 de julio, que aprueba el Reglamento de los Impuestos Especiales de fabricación. Los impuestos especiales recaen sobre consumos específicos y gravan la fabricación, la matriculación de determinados medios de transporte, primas de seguro y las ventas minoristas de determinados hidrocarburos (art. 1 LIE).

B. Los impuestos especiales sobre la fabricacion: normas comunes

Los impuestos especiales sobre la fabricación tienen varias modalidades: Alcoholes y Bebidas alcohólicas (cerveza, vino, intermedios, destiladas); Hidrocarburos (gasolina, gasóleo, fuelóleo, GLP, gas natural, biocarburantes); Labores del Tabaco; Electricidad; y Carbón. Tienen ámbito espacial en todo el territorio nacional (concertado), excepto por Ceuta, Melilla y Canarias (esta excepto no se aplica al Impuesto sobre la Electricidad). Los impuestos sobre el Alcohol tienen un régimen especial.

Como hecho imponible, podemos diferenciar: (i) la fabricación (la abstracción u obtención en fábrica de productos gravados) y los autoconsumos; (ii) la importación (la introducción de un producto en el mercado); y (iii) la circulación comunitaria.

Entre las numerosas exenciones establecidas por la ley, cabe destacar las pérdidas, deterioros y reentradas; los productos intermedios; y el tráfico internacional y exportación.

Los sujetos pasivos de la Ley son los titulares de fábricas o depósitos (depositarios, receptores), y, en las adquisiciones intracomunitarias, los importadores y adquirientes. Se establece la responsabilidad a los que trafiquen con productos sujetos que no justifiquen su procedencia.

C. Otros impuestos especiales

1. El Impuesto especial sobre Determinados Medios de Transporte

El Impuesto Especial sobre Determinados Medios de Transporte se aplica en todo el territorio nacional (concertado) y tiene cesión de 100 %. Su hecho imponible es la primera matriculación de ciertos vehículos, naves y aeronaves destinados al uso particular. Hay exenciones o no sujeción en área de los cuerpos diplomáticos, familias numerosas, minusválidos, agrícolas, industriales, los taxis, las ambulancias, etc. El sujeto pasivo es la persona a cuyo nombre se efectúa la matriculación.

2. El Impuesto sobre las Primas de Seguros

El Impuesto sobre las Primas de Seguros se aplica en el territorial nacional sobre operaciones de seguro y la capitalización concertada por entidades aseguradoras. Son exentos o no sujetos del Impuesto los seguros sociales obligatorios, los seguros colectivos, los seguros de vida, el transporte internacional y la exportación. Son sujetos pasivos las entidades aseguradoras que operan en España y que realizan las actividades sujetas al Impuesto. Tiene un tipo d gravamen del 6 % de la prima o cuota.

3. El Impuesto sobre las Ventas Minoristas de Determinados Hidrocarburos

El Impuesto sobre las Ventas Minoristas de Determinados Hidrocarburos se aplica en todo el territorio nacional, salvo las Islas Canarias, Ceuta y Melilla. El hecho imponible es la venta minorista de carburantes por propietarios de los hidrocarburos. Son exentas o no sujetas las ventas a relaciones diplomáticas, tráfico internacional, embarcaciones, aeronaves, ferrocarriles y usos no como carburante.

D. Los impuestos aduaneros

1. Fundamentos y sistema normativo

Los Impuestos Aduaneros gravan los siguientes ingresos: (i) los derechos a la importación, que gravan los bienes que proceden de países no comunitarios cuando entren en España; (ii) los derechos a la exportación, que gravan los bienes cuando salgan de España; y (iii) los derechos menores.

2. La importación definitiva de bienes

El hecho imponible de la importación definitiva de bienes es la introducción de mercaderías destinadas al consumo y no a la reexportación. La obligación tributaria nace cuando pasen los bienes de la línea fronteriza.

La ley establece exenciones y no sujeción en área de contingentes, cupos y suspensiones temporales; franquicias y destinos especiales; y mercancías de retorno y pesca marítima. El sujeto pasivo es el declarante de la aduana o la persona en cuyo nombre se hace la declaración. La ley establece varios casos de responsabilidad solidaria.

La base imponible de la importación definitiva es el «valor en aduana» conforme al Código de Valoración del GATT. La cuota varia según sea la base; por ejemplo, cuando la base el un valor, la cuota será un porcentaje.

3. Los regímenes especiales

- Regímenes de tránsito
- Regímenes aduaneros económicos: (i) depósitos aduaneros; (ii) perfeccionamiento activo: suspensión o reintegro; (iii) transformación para importar; (iv) importación temporal; (v) perfeccionamiento pasivo
- Zonas francas y depósitos francos

VII. IMPUESTOS
AUTONÓMICOS Y LOCALES

A. El sistema autonómico de régimen común

El art. 157.1 CE establece que los recursos de las CCAA estarán constituidos por los impuestos cedidos total o parcialmente por el Estado, recargos sobre impuestos estatales y otras participaciones en los ingresos del Estado y sus propios impuestos, tasas y contribuciones especiales, entre otros recursos. La Ley Orgánica 8/1980, de 22 de septiembre, de Financiación de las Comunidades Autónomas (LCA) es la que rige los impuestos autónomas.

1. Los impuestos propios

Los propios impuestos, tasas y contribuciones especiales de las CCAA forman una fuente de los recursos de las CCAA (art. 157.1 CE; art. 4.1 LCA).

2. Los impuestos cedidos

Los impuestos cedidos total o parcialmente por el Estado son uno de los recursos de las CCAA. La LCA cede a las CCAA los tributos establecidos y regulados por el Estado, cuyo producto corresponda a la CA (art. 10.1 LCA). Se entenderá efectuada la cesión cuando haya tenido lugar en virtud de precepto expreso del Estatuto correspondiente, sin perjuicio de que el alcance y condiciones de la misma se establezcan en una Ley específica (art. 10.2 LCA).

La LCA establece los criterios de la cesión de los impuestos a las CCAA y establece que pueden ser cedidos los siguientes impuestos: el Impuesto sobre la Renta de las Personas Físicas; el Impuesto sobre el Patrimonio; el Impuesto sobre Transmisiones Patrimoniales y Actos Jurídicos Documentados; el Impuesto sobre Sucesiones y Donaciones; el Impuesto sobre el Valor Añadido; los Impuestos Especiales de Fabricación (con excepción del Impuesto sobre la Electricidad); el Impuesto sobre la Electricidad; el Impuesto Especial sobre Determinados Medios de Transporte; los Tributos sobre el Juego; y el Impuesto sobre las Ventas Minoristas de determinados Hidrocarburos (art. 11 LCA).

B. Los impuestos municipales

El Real Decreto Legislativo 2/2004, de 5 de marzo, por el que se aprueba el texto refundido de la Ley Reguladora de las Haciendas Locales (LRHL) establece dos tipos de impuestos municipales: los impuestos obligatorios y los impuestos potestativos.

1. Los impuestos de exacción obligatoria

Hay tres impuestos obligatorios por todos los Ayuntamientos: (i) el Impuesto sobre Bienes Inmuebles (IBI); (ii) el Impuesto sobre Actividades Económicas (IAE); y (iii) el Impuesto sobre Vehículos de Tracción Mecánica (IVTM).

2. Los impuestos de exacción potestativa

Los ayuntamientos pueden acordar la imposición y supresión de sus tributos propios, y aprobar las correspondientes ordenanzas fiscales reguladoras de estos (art. 14.1 LRHL). Pueden establecer los siguientes impuestos: (i) el Impuesto sobre Construcciones, Instalaciones y Obras; (ii) Impuesto sobre el Incremento de Valor de los Terrenos de Naturaleza Urbana; y (iii) el Impuesto sobre Gastos Suntuarios.

VIII. TASAS Y CONTRIBUCIONES ESPECIALES

A. Las tasas en la Ley General Tributaria

1. Tasas, precios públicos y exacciones parafiscales

Una tasa es un tributo cuyo hecho imponible es una actividad administrativa, como la prestación de los servicios de correos, transportes públicos o telecomunicaciones, que afecta o beneficia a aquellos a quien va dirigida. Cuando el Estado u otra entidad pública satisface una necesidad colectiva y una persona trata de beneficiarse de ello, ésta ha de pagar la tasa correspondiente.

2. Tasas estatales e institucionales

Las tasas estatales son tributos exigidos por el Estado por la utilización de los servicios prestados por la Administración estatal. Los principales objetos de las tasas estatales son: los títulos académicos y profesionales, el canon de superficie de minas y la tasa por servicios y actividades en materia de propiedad industrial, entre otros.

3. Tasas locales

Las tasas locales son tributos que han sido establecidos por las corporaciones locales (los ayuntamientos y diputaciones provinciales). Entre las tasas locales, cabe destacar las siguientes: las reservas de vía pública para aparcamientos exclusivos; la licencia de apertura de establecimiento; y el servicio de prevención y extinción de incendios.

B. Las contribuciones especiales en la Ley General Tributaria

Las contribuciones especiales son los tributos cuyo hecho imponible consiste en la obtención por el obligado tributario de un beneficio o de un aumento de valor de sus bienes como consecuencia de la realización de obras públicas o del establecimiento o ampliación de servicios públicos (art. 2.2 LGT). Se rigen por la Ley 7/1985, de 2 de abril, Reguladora de las Bases del Régimen Local y los arts. 28 a 39 del LRHL.

ESQUEMAS Y GRÁFICAS

Actuaciones de la Administración Tributaria

Título III, Capítulo III LGT	La *gestión* tributaria
Título III, Capítulo IV LGT	La *inspección*
Título III, Capítulo V LGT	La *recaudación*
Título IV LGT	La *sanción*
Título V LGT	La *revisión* en vía administrativa

Aplicación del derecho tributario: visión global

Actuaciones	Sujetos	Procedimientos
Fijar los hechos:	Sujetos pasivos	De gestión
Declarar	Otros obligados	De inspección
Comprobar, verificar	Departamento de Gestión	De recaudación
Informar	Departamento de Inspección	Sancionadores
Colaborar	Departamento de Recaudación	De revisión
Investigar		
Valorar	Órganos de Sanción	
	Órganos de Revisión	
Determinar los derechos:		
Calificar los hechos		
Liquidar las prestaciones		
Imponer las sanciones		
Resolver los litigios		
Darles cumplimiento:		
Recaudar prestaciones y sanciones		
Devolver		

Clasificación general de los impuestos

	Impuesto directo		*Impuesto indirecto*	
Concepto	Grava la manifestación directa de la capacidad económica del sujeto pasivo: la obtención de renta y la tenencia de un patrimonio. Es personal en que depende de la capacidad de la persona. No pueden ser repercutidos a terceros.		Grava una manifestación indirecta de la capacidad económica del sujeto pasivo (circulación de riqueza), que son transacciones de bienes que ponen de manifiesto la capacidad contributiva del adquiriente final. Pueden ser repercutidos a terceros.	
Clases	*Tributos reales (sobre la renta)*	*Tributos patrimoniales*	*Tributos sobre el consumo*	*Registros*
Descrip-ción	Impuesto sobre una determinada renta.Se distingue del impuesto sobre un producto, que es impersonal.	Tributo genérico que grava el conjunto del patrimonio del sujeto pasivo, tanto cosas mobiliarias como inmobiliarias.	Impuesto que grava la fabricación o venta de productos. El adquirente del producto soporte el tributo.	Impuestos que se cobran con ocasión del registro de un acto de una propiedad, de la solicitud de una licencia, etc.
Ejemplos	- El Impuesto sobre la Renta de Personas Físicas; - El Impuesto sobre la Renta de no Residentes; - El Impuesto sobre Sociedades.	- El Impuesto sobre Sucesiones y Donaciones; - El Impuesto Extraordinario sobre el Patrimonio de las Personas Físicas.	- IVA; - Impuestos Especiales (alcoholes; tabaco; hidrocarburos; seguros;) - Aduanas	- Impuesto sobre Actos Jurídicos documentados; - Juegos (bingos, rifas, etc.); - Tasas.

Elementos de la obligación tributaria principal

Elemento positivo	*Elemento análogo negativo*
Hecho imponible (art. 20 LGT)	Exenciones objetivas (art. 22 LGT)
Sujetos (art. 35 LGT)	Exenciones subjetivas (art. 22 LGT)
Objeto: deuda (art. 19 LGT)	Beneficios fiscales (art. 14 LGT)
Extinción: pago (art. 59 LGT)	Prescripción (art. 66 LGT)

Esquema general de los tributos (en el caso del IRPF)

Hecho imponible	El presupuesto fijado por la Ley para configurar cada tributo y cuya realización es la causa de la obligación tributaria principal.
Base imponible (íntegra)	La magnitud dineraria o de otra naturaleza que resulta de la medición o valoración del hecho imponible.
Base liquidable	La magnitud resultante de practicar, en su caso, en la base imponible las reducciones establecidas en la Ley.
Cuota íntegra	Se determinará aplicando el tipo de gravamen a la base liquidable según cantidad fija señalada al efecto.
Cuota líquida	El resultado de minorar la cuota líquida en el importe de la deducción de las prestaciones ya satisfechas (pagos fraccionados, retenciones, ingresos a cuenta y cuotas).
Cuota diferencial	Resultado de minorar la cuota líquida en el importe de la deducción de las prestaciones ya satisfechas (pagos fraccionados, retenciones, ingresos a cuenta y cuotas).

Prestaciones (pagos) autónomas a cuenta: las tres modalidades

Pagos fraccionados	Una modalidad de pagos a cuenta que determinados contribuyentes han de realizar. Se ingresan cada tres meses, en abril, julio, octubre y enero.
Retenciones (o «retenciones a cuenta»)	Una fórmula impuesta por la Hacienda Pública, a través de la cual se consiga que la Hacienda Pública disponga de liquidez al largo del año.
Ingresos a cuenta	Una modalidad de pagos a cuenta del IRPF. Se aplica a las retribuciones no dinerarias o en especie sujetos al IRPF.

Supuestos de fraude en el derecho tributario

Evitación	Evitación (elusión) del hecho imponible por sí sola.	Es perfectamente *válido*.
Calificación (art. 13 LGT)	Evitación del impuesto por poner la forma de un acto o negocio sobre el fondo.	Según el *principio de la calificación*, está prohibido (art. 13 LGT), ya que prevaleca el fondo sobre la forma, pero no es sancionable.
Conflicto en la aplicación (art. 15 LGT)	Evitación del hecho imponible o minoración de la deuda tributaria mediante actos *artificiosos* que no tengan efectos que no sean los de *ahorro fiscal*.	Existe *conflicto en la aplicación* (abuso de derecho y lógica evasiva) de la norma tributaria (art. 15 LGT). Se puede exigir la deuda que corresponde, pero la actuación no es sancionable.
Simulación (art. 16 LGT)	Simulación (engaño) absoluta o relativa.	Está prohibida y como consecuencia, el hecho imponible gravado será el efectivamente realizado por las partes. Se puede imponer una sanción (art. 16 LGT).
Evasión de los impuestos	Evasión de los impuestos por no declararlo.	El no pago de impuestos siempre es ilegal y sancionable.

www.ingramcontent.com/pod-product-compliance
Lightning Source LLC
Chambersburg PA
CBHW051218200326
41519CB00025B/7161